PRESENTADO A:

DE:

FECHA:

Libro devocionario de Dios para muchachas

Libro devocionario de Dios para muchachas

Publicado por
Editorial Unilit
Miami, Fl. 33172
Derechos reservados

© 2007 Editorial Unilit (Spanish translation)
Primera edición 2007

© 2004 Bordon Books
Originalmente publicado en inglés con el título:
God's Little Devotional Book For Girls
por Cook Communications Ministries
4050 Lee Vance View,
Colorado Springs, Colorado 80918 U.S.A.

Traducción: *Grupo Nivel Uno, Inc.*

A menos que se indique lo contrario, las citas bíblicas se tomaron de la Santa Biblia, *Nueva Versión Internacional.* © 1999 por la Sociedad Bíblica Internacional.

Las citas bíblicas señaladas con RV-60 se tomaron de la Santa Biblia, Versión Reina Valera 1960. © 1960 por la Sociedad Bíblica en América Latina.

Las citas bíblicas señaladas con TLA se tomaron de la *Biblia para todos*, © 2003. Traducción en lenguaje actual. © 2002 por las Sociedades Bíblicas Unidas.

Las citas bíblicas señaladas con NBLH se tomaron de la Santa Biblia, *Nueva Biblia de los Hispanos.* © 2005 por The Lockman Foundation.

Las citas bíblicas señaladas con DHH se tomaron de *Dios Habla* Hoy, la Biblia en Versión Popular por la Sociedad Bíblica Americana, Nueva York. Texto © Sociedades Bíblicas Unidas 1966, 1970, 1979.

Las citas bíblicas señaladas con LBD se tomaron de la Santa Biblia, *La Biblia al Día.* © 1979 por la Sociedad Bíblica Internacional.

Usadas con permiso.

Producto 495458
ISBN 0-7899-1416-6
Impreso en Colombia
Printed in Colombia

Categoría: Jóvenes/Niños/Devocional
Category: Youth/Children/Devotional

INTRODUCCIÓN

¿Quién puede encontrar una mujer virtuosa, honesta, valiosa y pura? Es más valiosa que las piedras preciosas (véase Proverbios 31:10, RV-60) «¿Cómo llegó a ser una mujer virtuosa?», te preguntas. Sus padres y aquellos que la aman la empararon del amor y la bondad de Dios desde que tenía tu edad o era más pequeña aun. Este maravilloso devocional está lleno de historias divertidas, pasajes bíblicos poderosos, y principios de vida escritos para ayudar a que una joven como tú se convierta en lo que Dios quiere que sea.

Experimentarás la presencia y el consejo de Dios mediante historias de muchachas de tu misma edad. Puedes aprender principios espirituales que cambian vidas, acerca de la fe, la amistad, la bondad y otros valores cristianos. Descubre cuánto te ama Dios. Comprende que a sus ojos tú eres bella, y que belleza y piedad van juntas.

Con el *Libro devocionario de Dios para muchachas* puedes tomarte un recreo tranquilo de la escuela y de las actividades extracurriculares y descubrir al Dios que te ama, te conoce y quiere convertirte en todo para lo que Él te ha creado.

Ella dijo

¡Dios está en todos lados! El Dios que forjó a la humanidad para que sea una familia poderosa, nuestro mismo Padre, y el mundo nuestro hogar.

Erica entró despacio en la cocina. Su madre notó que parecía preocupada.

—¿Erica, anda algo mal?

Erica no contestó. Estaba tratando de descubrir qué podría haber hecho para que Emily se fuera llorando. Samantha y Shay tenían una expresión de extrañeza en sus caras cuando abandonaron el jardín de su casa.

—Mamá, Emily se fue llorando. No sé por qué estaba tan triste. Solo estábamos jugando y conversando...

—¿Sobre qué hablaban? —preguntó su madre.

—Sammy estaba contando que su papá era policía y que encerraba a las personas malas en la cárcel. Shay dijo que su papá era agente de seguros y ordenaba que se les repararan los tejados de la gente cuando granizaba. Yo dije que mi papá subía a los postes de teléfonos. Esperamos que Emily dijera qué hacía su papá, pero comenzó a llorar y corrió a su casa.

La mamá de Erica le sirvió un vaso de jugo y se sentó a la mesa. Erica se sentó a su lado.

—Cariño, el papá de Emily no vive con ella. No sé dónde vive, y Emily no se acuerda de él.

—Ah... —dijo Erica—. Yo no lo sabía.

—Está bien que hables de tu papá —continuó su mamá—. Sin embargo, tienes que ser más considerada con los sentimientos de las otras personas. Es probable que Emily no supiera qué decir, ya que no sabe a qué se dedica su papá.

—Ah... —Erica pensó en eso mientras terminaba su jugo—. Mamá, creo que debería ir a ver a Emily y preguntarle qué hace su mamá y decirle que no importa si su papá no vive con ella porque Dios es su Papá celestial. ¿Está bien?

—Sería bueno que lo hicieras —dijo su mamá—. Iré contigo.

Un solo Padre tenemos, y es Dios mismo.
Juan 8:41

DIOS ES TU PADRE AMOROSO.

Tal vez tengas un padre maravilloso aquí en la tierra, pero piensa que Dios también es tu Padre. Agradécele por hacerte parte de su gran familia.

¿Comemos juntas?

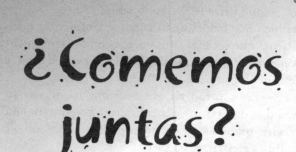

Dios para perdonar... mejor para olvidar.

Kaylyn entró despacio en el comedor, orando en silencio: *Dios, por favor, no permitas que me tenga que sentar sola otra vez.* Ella se había estado sentando sola durante las últimas tres semanas a causa de Ashley. Siempre había tenido muchos amigos hasta que Ashley le dijo a todo el mundo que Kaylyn había copiado en un examen. Eso no era cierto y hasta la maestra había dicho que Kaylyn no había copiado. Aun así, eso no era suficiente para Ashley. Continuaba diciendo cosas terribles de ella. Kaylyn se puso en una fila.

—¿Kaylyn? —Kaylyn se dio vuelta y vio a Ashley parada detrás de ella.

Impresionada, tratando de controlar su enojo, Kaylyn la miró.

Ashley respiró profundo y dijo temblorosa:

—En verdad estoy apenada por haber comenzado ese rumor diciendo que tú habías copiado en el examen.

—Gracias, Ashley, ¿pero qué fue lo que te hizo decir algo así? Creía que éramos amigas.

Ashley corrió su bandeja detrás de la Kaylyn.

—Somos amigas, pero yo en realidad estaba celosa de ti. Siempre tienes muy buenas notas y parece que haces todo con mucha facilidad. Yo siempre tengo que esforzarme mucho... y mis notas no son buenas en absoluto.

—Ay, Ashley, mis notas no vienen de manera fácil. Yo también tengo que estudiar mucho. Tal vez podríamos estudiar juntas para el próximo examen y así ambas podríamos sacar las notas que queremos.

—¿Lo dices en serio? ¿Estudiarías conmigo después de lo que dije?

—Es verdad que lo que hiciste me lastimó, pero te perdono.

Ashley suspiró aliviada.

—Gracias —murmuró—. Quiero que sigamos siendo amigas.

—Yo también —dijo Kaylyn.

Ella y Ashley caminaron contentas hasta la mesa del almuerzo para comer con todas sus amigas.

Recuerda

Así como el Señor los perdonó, perdonen también ustedes.
Colosenses 3:13

SI ALGUIEN TE LO PIDE, PERDÓNALO.

¡Tú puedes hacerlo!

¿Tienes algún amigo que necesite que lo perdones? Pídele ayuda a Dios; y entonces con su ayuda, perdónalo.

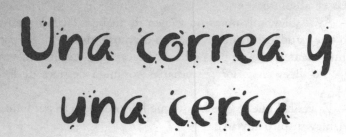

Una correa y una cerca

Nada puede hacerse sin esperanza ni confianza.

—¿Cuál es el problema? —preguntó Andi. No era común ver llorar a su fuerte hermanita, Alyson.

—Es ese grande y viejo bulldog Bart, allá en la calle. Es malo.

—Vamos a ver —dijo Andi.

Alyson no tenía muchas ganas de echarle otra mirada a Bart, pero tomó la mano de su hermana y juntas caminaron hasta el patio de Bart. Entonces, en el momento justo, Bart se abalanzó estirando la correa y comenzó a ladrar con furia. Andi podía ver por qué su hermana estaba asustada. Bart mostraba los dientes mientras ladraba y parecía que se las iba a comer vivas.

Andi pensó un momento y dijo:

—Aly, quedémonos paradas aquí por un minuto.

—Preferiría ir a casa —dijo Alyson a través de las lágrimas.

—No —dijo Andi, y apretó la mano de su hermana.

—No mires a Bart. Mira la correa. Mira qué fuerte que es. Está atada a una estaca de metal. Ahora mira la cerca. Es fuerte y demasiada alta como para que Bart la salte.

Alyson la miró y asintió.

—¿Te acuerdas de lo que el abuelo nos enseñó el verano pasado en la granja sobre ese toro que parecía tan malo?

—Sí —dijo Alyson—. Dijo que era como el diablo. El abuelo dijo que no debíamos mirar ni escuchar al diablo, que Dios le había puesto una correa y lo tenía cercado.

—Bueno. Lo mismo pasa con Bart.

Las dos niñas estaban tan ocupadas hablando del abuelo, la cerca y la correa que casi no se dieron cuenta de que Bart, el bulldog, se había cansado de ladrar y se había echado en el césped a roer un hueso. Cuando las niñas al fin vieron lo que él estaba haciendo, Alyson comenzó a reír y dijo:

—El viejo Bart ya ha encontrado algo que masticar.

Su enemigo el diablo ronda como un león rugiente [...]
Resístanlo, manteniéndose firmes en la fe.
1 Pedro 5:8-9

CONFÍA EN DIOS PARA QUE TE AYUDE.

Dios te ha dado fe para que confíes en Él. Cree que Él te protegerá de todo daño. Pon tu esperanza y confianza en Él.

Los disfraces

Cada uno es un ganador en potencia, aun cuando
algunas personas se disfracen de perdedores.
No permitas que su apariencia te engañe.

—Ay, no —se lamentó Lisa—. Ahí viene Margo... y viene arrastrando ese carrito rojo detrás de ella.

—Ah, querida —dijo la mamá—. ¿Es el carrito rojo lleno de disfraces?

—Sí —dijo Lisa.

—Detesto jugar a los disfraces. Prefiero treparme a un árbol.

—Ya sé —dijo la mamá—. Pero Margo en realidad es una niña agradable. Es una buena amiga.

—Casi siempre —dijo Lisa—. No estoy segura que sea tan buena amiga cuando quiere obligarme a jugar a algo que no quiero.

—Sé algo que te gusta hacer —dijo la mamá—. Es algo que haría que una tarde con Margo fuera menos aburrida.

—¿Qué es? —dijo Lisa—. Mejor que te apures y me lo digas porque ya casi está aquí.

—A ti te gusta inventar historias. Dile a Margo que jugarás a los disfraces si ella primero te deja inventar una obra de teatro. Entonces puedes usar un disfraz mientras recitas tus líneas.

Lisa saltó de alegría con la idea. Le gustaba mucho crear historias y después escribirlas como obritas de teatro. Cuando Margo llegó a la casa, Lisa le contó sus planes. Margo pensó que era una buena idea y las dos niñas se pusieron a trabajar de inmediato, inventaron personajes y escribieron una pequeña obra de teatro en la computadora de Lisa. En realidad, estuvieron tan ocupadas que pasaron dos horas sin que se dieran cuenta, hasta que la mamá de Margo la llamó para que fuera a su casa. En ningún momento se probaron la ropa que Margo traía en su carrito rojo.

Después que Margo se fue, la mamá preguntó:

—Bueno, ¿cómo les fue?

Lisa sonrió y dijo:

—¡Buenísimo! Margo va a volver mañana en la tarde.

—¿Van a jugar a los disfraces entonces? —preguntó la mamá.

—¡No! —dijo Lisa con una sonrisa aun mayor—. Vamos a ensayar. ¡Hay una enorme diferencia!

Recuerda

Esfuércense siempre por hacer el bien,
no solo entre ustedes sino a todos.
1 Tesalonicenses 5:15

CREAR JUNTOS ES DIVERTIDO.

¡Tú puedes hacerlo!

Cuando tomas la decisión de hacer algo bueno con otra persona, por lo general descubres que ambos disfrutan haciéndolo.

Pídele a Dios que te muestre cómo tener un momento con tus amigos en que todos ganen.

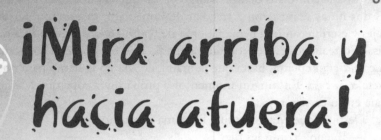

¡Mira arriba y hacia afuera!

Cuando el mundo esté dando vueltas,
¡mira hacia arriba!

—¿Estás segura que quieres montar en esta vuelta?

Janette había estado segura cuando su papá le preguntó, pero ahora que estaba a pasos de la canasta para dos personas de su primera vuelta en la noria de la feria, se preguntaba si había hecho una buena decisión. La noria le había parecido mucho más pequeña cuando ella se paró a la entrada de la feria. Janette estaba agradecida de que su papá estuviera a su lado.

Mientras la noria comenzaba a moverse cada vez más alto, ella comenzó a sentirse más emocionada.

—No creo que nunca antes haya estado más alto en toda mi vida. ¡Mamá y Noah se ven muy pequeños!

Luego, cuando la noria ascendió y las canastas se comenzaron a mover en forma descendente, el estómago de Janette empezó a dar vueltas y pensó que iba a vomitar.

—Ahhh —se quejó ella.

—¿Estás bien? —le preguntó su papá.

—Sí —dijo tragando fuerte.

La noria dio otra vuelta y para sorpresa de Janette se detuvo. Su canasta apenas había comenzado a bajar desde la cima. Se balanceaba muy alto del suelo.

—Estamos bien alto en realidad, papá —dijo apenas con un susurro.

—Ya sé —dijo él —. Es mejor que no mires para abajo. Mira arriba y hacia afuera. Mira las estrellas y las luces de la ciudad en la distancia. ¡Puedes ver el centro de la ciudad! —continuó el papá—. Si tú miras arriba y afuera, no te sentirás mareada ni enferma.

¡La idea del papá dio resultado! Más tarde, cuando la vuelta terminó y ellos comían perros calientes, Janette le comentó a su mamá acerca de mirar arriba y afuera.

—Eso mismo es verdad para todas las cosas en la vida —dijo la mamá—. Si te sientes un poco nerviosa, ¡mira arriba a Dios! ¡Mira el futuro que Él ha planeado delante de ti!

Recuerda

Encomienda al SEÑOR tu camino; confía en él, y él actuará.
Salmo 37:5

SIEMPRE MIRA A DIOS.

¡Tú puedes hacerlo!

No te sientas desalentada ni temerosa de lo que ves a tu alrededor. Mira a Dios y confía en que Él te guiará. Ora: «Dios, ¡ayúdame! ¡Protégeme! ¡Prepárame para todas las buenas cosas que tienes guardadas para mí!».

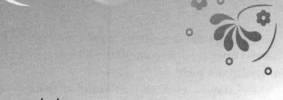

Una lluvia de amabilidad

Seamos amables con los que no lo son...
lo necesitan más.

Hannah sentía que Nelda era la persona más mala que conocía. Si alguien iba a interrumpir una fila... empujar a alguno del bebedero... o comenzar una habladuría... ese alguien sería Nelda.

—Ella se esfuerza por ser mala —les dijo Hanna a sus amigas Lucy y Gillian.

—Estoy de acuerdo —dijo Lucy—, pero si nosotras le hacemos cosas malas, no somos mejores que ella.

—Es probable que eso la haga aun más mala —agregó Gillian.

—Bueno, entonces —dijo Hanna—, ¡es obvio! Le daremos una lluvia de amabilidad.

—Eso va a ser difícil —Lucy tragó saliva.

—Muy difícil —dijo Gillian—. Pero tengo ganas de intentarlo.

Durante los tres días siguientes, las niñas invitaron a Nelda a sentarse con ellas en el autobús. No le dijeron nada cuando las interrumpía o las empujaba para adelantárseles. Nelda parecía no darse cuenta.

Luego, en el cuarto día, Nelda se cayó mientras se apuraba para llegar al auditorio para la reunión de alumnos. Se hizo un raspón bastante feo en la rodilla. Las tres niñas se detuvieron para ayudarla.

—No necesito que me ayuden —dijo Nelda sosteniendo la rodilla ensangrentada.

—Toma mi cinta del pelo, úsala para evitar que la sangre manche tu ropa —dijo Hanna mientras se quitaba la cinta y se la daba a Nelda—. Te acompañaré a que te pongan una venda —dijo ayudándola a ponerse de pie.

—No conseguiremos buenos asientos —dijo Nelda.

—Gillian y yo reservaremos dos asientos cerca del pasillo —dijo Lucy.

—Queremos ser tus amigas —le dijo Hanna mientras caminaban hacia la enfermería.

—¿Pero por qué? —dijo Nelda—. Yo soy mala con ustedes.

Nelda se detuvo unos pocos segundos, y luego dijo:

—Gracias, a mí también me gustaría ser su amiga.

¡Eso fue lo más lindo que Hanna le había escuchado decir!

Recuerda

Conocemos la verdad, somos pacientes y amables,
el Espíritu Santo está en nuestras vidas, y amamos la verdad.
2 Corintios 6:6, TLA

¡LAS PALABRAS AMABLES PRODUCEN AMABILIDAD!

¡Tú puedes hacerlo!

Cuando continuamente te muestras amable con alguna persona mala, existe una gran posibilidad de que la contagies con amabilidad.

La casa de muñecas

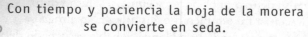

Con tiempo y paciencia la hoja de la morera
se convierte en seda.

Casandra y Mari habían trabajado en la casa de las muñecas durante tres semanas.

—Todavía no parece una casa —suspiró Casandra.

—Ya lo sé —dijo Mari—. Pero ya hicimos el empapelado de las paredes interiores, y las parte del techo y el piso.

—También están listas las ventanas y las cortinas —agregó Casandra—. Me pregunto si lograremos terminarla a tiempo para la fiesta de Navidad.

—Tenemos que lograrlo —dijo Mari—. ¡Es nuestro regalo!

—Podríamos comprar alguna otra cosa —dijo Casandra—. No sería tan lindo como esto, pero al menos tendríamos algo.

—No —dijo Mari—. ¿Recuerdas? Hablamos acerca de esto, y hasta oramos por esto. Le pedimos a Dios que nos ayudara a pensar en un regalo que fuera en realidad importante para el grupo de niñas del hogar, y justo después de eso tuvimos la idea de hacer una casa de muñecas para las niñas que viven allí. Ya tenemos muchos muebles de nuestras casas de muñecas que no usamos y algunos que conseguimos en las tiendas de segunda mano. ¡No podemos rendirnos ahora! Tenemos que pedirle a Dios que nos ayude a trabajar más rápido.

—Yo sé que Dios nos ayudará —dijo Casandra—. Ahora no podemos cometer errores. Debemos trabajar tan rápido como podamos, y al mismo tiempo trabajar lo suficientemente despacio como para lograr un buen trabajo.

—¡Bien! —dijo Mari—. Si no renunciamos, el trabajo quedará hecho.

Dos semanas más tarde, cuando las niñas presentaron su casa de muñecas al grupo del hogar, todo el mundo se quedó boquiabierto.

—¿Cómo encontraron el tiempo para hacerla? —les preguntó el líder.

—Después de las clases y los sábados —dijo Mari.

—¡El mérito es de Dios! —agregó Casandra—. Nosotras solo hicimos el trabajo, Él nos dio la idea y nos ayudó todo el tiempo. Y a lo que más me ayudó fue a no darnos por vencidas.

Recuerda

En realidad, sin fe es imposible agradar a Dios, ya que cualquiera que se acerca a Dios tiene que creer que él existe y que recompensa a quienes lo buscan.
Hebreos 11:6

¡LA AYUDA DE DIOS ES LA MEJOR AYUDA!

¡Tú puedes hacerlo!

Confía en Dios para que Él te ayude a hacer tu trabajo del mejor modo que puedas, a tiempo y con diligencia.

Forma parte del equipo

La oración no hace que la fe funcione;
la fe hace funcionar a la oración.

Belinda tomó clases de gimnasia durante un año entero hasta que al fin sintió que podría estar lista para hacer la prueba para formar parte del equipo de gimnasia de su escuela.

—He estado orando y orando, pero aún no estoy segura de si Dios va a responder a mis oraciones para que forme para del equipo —le dijo Belinda a su mamá.

—¿Tú crees que Dios te ayudará a que formes parte del equipo? —le preguntó su madre.

—Seguro —dijo Belinda—. Dios siempre me ayuda.

—¿Tú crees que Dios te ayudará si no formas parte del equipo? —le preguntó su madre.

Belinda estaba intrigada.

—¿En que podría de ayudarme si no formara parte del equipo?

—¡Ah, en muchas cosas! —dijo su madre.

—Necesitarás mantener tu sonrisa y una actitud positiva. Necesitarás seguir intentándolo y hacer las cosas del mejor modo posible en tu clase de gimnasia. Esas cosas parecen bastante difíciles de hacer si no formas parte del equipo.

—Sin duda lo serían —dijo Belinda.

—No creo que podría fingir que no me importa. Todos saben cuánto quiero formar parte del equipo. Entonces tendría que estar dispuesta a admitir que estoy herida y desilusionada.

—Algunas veces, eso es lo más difícil de hacer —dijo su madre—. ¿Tú cree que Dios te ayudaría con todo eso?

—Sí —dijo Belinda—. Yo creo que Dios me puede ayudar en todas las cosas, las cosas que quiero hacer y son difíciles, y las cosas que no quiero hacer.

—Eso es verdadera fe —dijo su madre—. La clase de fe que te ayudará a orar: "Dios, haz lo mejor para mi vida... aunque no siempre sea lo que yo quiero".

Recuerda

Porque para Dios no hay nada imposible.
Lucas 1:37

DIOS SE ESPECIALIZA EN MILAGROS.

¡Tú puedes hacerlo!

Es difícil admitir que estás herido, que has fallado o que has cometido un error. Aun así, contarle a Dios acerca de tus heridas o errores es el primer paso para confiar en que Él te sana, te perdona o te ayuda.

Cuando estallamos

No importa cuán justas quizá sean tus palabras, estropeas todo cuando hablas con enojo.

—En realidad, les permito que lo tengan —dijo Laurie mientras se sentaba a la mesa para cenar.

—Entiendo —dijo papá—. Agradezcamos a Dios por los alimentos, y entonces nos podrás decir *qué* le permites a *quién*.

Durante la cena, Laurie les contó a sus padres y a su hermana que había tenido un debate en clase acerca de la existencia de Dios, y de si Dios había creado al mundo como la Biblia dice que Él lo hizo.

—Todo el tiempo trataba de hablar, pero nadie me permitía hacerlo —dijo Laurie.

—Entonces, justo antes de que sonara la campana, me paré y les dije que si no creían en Dios y en la Biblia, se iban a ir al infierno.

—¡Huy! —el padre y la madre de Laurie se miraron en silencio.

—Eso fue bastante radical —dijo su hermana mayor.

Laurie no entendía por qué no aplaudían lo que había hecho.

—¿Crees que vas a cambiar la manera de pensar de alguno diciendo eso? —preguntó el papá.

—Es probable que no —admitió Laurie—. Pero me siento mejor.

—¿De verdad? —preguntó la mamá—. Podrás sentirte mejor por un par de horas, porque te desahogaste, ¿pero te sentirás mejor cuando vayas el lunes a la escuela?

Laurie no había pensado en eso.

Esa noche Laurie tuvo problemas para dormirse. *¿Qué voy a hacer el lunes?* Pensaba todo el tiempo. El sábado por la mañana les pidió consejo a sus padres.

—Yo creo que necesitas decirle a la clase que lamentas haberte enojado y que esperas que algunas veces te permitan expresar tus ideas y opiniones.

—¿Qué diré para convencerlos? —preguntó Laurie.

—Esa en realidad es tu tarea para toda la vida —le dijo el papá con una sonrisa—. A menudo nuestras acciones hablan más fuerte que nuestras palabras. Los otros ven más de lo que escuchan.

Recuerda

El necio no esconde su enojo,
pero el sabio sabe controlarse.
Proverbios 29:11, TLA

LAS PALABRAS CON ENOJO NUNCA SOLUCIONAN NADA.

¡Tú puedes hacerlo!

Es muy difícil persuadir a alguien a que haga o crea lo que es bueno si está enojada. Pídele al Señor que te ayude a dar tus opiniones con una voz calmada, amable y convincente.

No dejes de patinar

Un puñado de paciencia vale más
que una gran inteligencia.

El hermano de Ava, Eddie, le ayudó a ponerse los protectores de codos, las rodilleras y el casco. Ava pensaba que todo ese equipo de seguridad no era necesario, pero sus padres insistían en que lo usara si tenía la intención de hacer patinaje en línea.

Una vez que tuvo los patines puestos, Ava se paró en la entrada de su casa, sosteniéndose de Eddie para mantener el equilibrio. Él la ayudó hasta llegar a la acera, quitó la mano de Ava de su brazo, le dio un pequeño empujón, y le dijo:

—¡Ve a patinar!

Ava patinó unos pocos metros. ¡Esto no estaba tan mal! La brisa se sentía bien. Estaba segura de que aprendería a dominar el patinaje en poco tiempo, y que podría ir a patinar con sus amigas, y... ¡PUMBA! De repente, Ava se encontró sentada en la acera. *Tal vez este equipo de seguridad sea una buena idea después de todo,* pensó.

Luego escuchó a Eddie reírse.

—Levántate y ve otra vez —le dijo.

Con la ayuda de Eddie, Ava se levantó dos veces más. Después de su tercera caída, estaba bañada en lágrimas. El patinaje en línea no era divertido si todo lo que hacías era caerte. Nunca sería buena en esto.

—¡Me rindo! —sollozó mientras se quitaba los patines.

—No puedes rendirte —le dijo Eddie sentándose detrás de ella—. ¿Te diste cuenta de que cada vez que lo intentaste patinaste un poco más? Solo tienes que ser paciente. Lleva tiempo aprender esto.

—¿En realidad crees que puedo? —preguntó Ava mirando a su hermano con un poco de sospecha.

—Oye, si yo puedo hacerlo, tú también puedes —dijo Eddie—. Como te dije... ten paciencia. Estarás patinando a mi alrededor en muy poco tiempo.

Recuerda

Ustedes necesitan perseverar para que, después de haber cumplido la voluntad de Dios, reciban lo que él ha prometido.
Hebreos 10:36

TÓMATE TU TIEMPO Y SIGUE CON EL INTENTO.

¡Tú puedes hacerlo!

Algunas veces aprender a hacer algo lleva su tiempo. No te rindas. Trabaja duro y pídele a Dios que te ayude. Él es un gran maestro.

A solas conmigo

No estamos en paz con los otros porque no estamos en paz con nosotros mismos, y no estamos en paz con nosotros mismos porque no estamos en paz con Dios.

—Parece que has estado disgustada estos últimos días —dijo la mamá mientras se daba vuelta para apagar la luz en la noche.

—¿Puedes decirme por qué, Gabriela?

—No estoy disgustada —le dijo Gabriela a la silueta de su madre que se recortaba en el vano de su puerta. Y entonces, al escuchar el tono de su propia voz, se dio vuelta, le dio un puñetazo a la almohada y se acurrucó en la cama.

La mamá cerró la puerta. Una vez que estuvo sola, Gabriela comenzó a llorar. *No sé cómo contarles lo del libro,* pensó.

El papá le había dicho que no quería que sacara el libro fuera de la casa, ni siquiera para mostrárselo a sus amigas. El libro era muy costoso y muy raro. Podía invitar a sus amigas a la casa para ver las hermosas ilustraciones, pero nada más. Sus amigas, por supuesto, no habían querido entrar, por eso ella había sacado el libro y, sin querer, había derramado su bebida sobre él. Luego, al tratar de limpiarlo, lo había manchado más. Un desastre tras otro.

«Dios, por favor, perdóname», oró Gabby. «Cometí un gran error. Por favor, ayúdame».

A la mañana siguiente, Gabby sabía lo que necesitaba hacer. Le llevó a su papá el frasco donde guardaba su dinero, le contó lo que había hecho y le pidió que la perdonara. Mientras alargaba la mano para tomar el frasco del dinero, se dio cuenta de que se sentía mejor de lo que se había sentido en muchos días.

Recuerda

En consecuencia, ya que hemos sido justificados mediante la fe, tenemos paz con Dios por medio de nuestro Señor Jesucristo.
Romanos 5:1

EL PERDÓN DE DIOS NOS TRAE LIBERTAD.

¡TÚ puedes hacerlo!

Cuando haces algo que sabes que rompe las reglas de tus padres o de Dios, pide perdón con rapidez. Y luego, haz lo que tengas que hacer para hacer las cosas bien.

Una decisión difícil

La mejor disciplina, tal vez la única disciplina
eficaz de verdad, es la autodisciplina.

Clara miró fijo y durante largo tiempo la bandeja de galletitas que estaba sobre la mesa del comedor. ¡Habría como cien! Podía decir, por el aspecto y por el aroma, que eran sus favoritas. ¡Galletitas de avena, con nueces y pedacitos de chocolate!

Clara miró a su alrededor. No había nadie a la vista.

«¿Quién se daría cuenta si faltara una galletita de esta bandeja tan grande?», se dijo en voz alta.

«Alguien que las hubiera contado por una razón en especial», se contestó al recordar que su mamá era la encargada de organizar una gran fiesta en la escuela.

«¿Pero por qué tenía que hacer justo mis favoritas? Ella sabía que me volvería loca si veía las galletitas aquí sobre la mesa», dijo en voz alta.

«Quizá hiciera tus favoritas porque son para llevarlas mañana para ti y tu clase», se contestó.

«Nunca sabrá nadie que fui yo la que tomó una galletita», se volvió a decir.

Justo en ese momento, entró al comedor su hermana Heather.

—¿Estás sola? —le preguntó—. Me pareció escuchar voces discutiendo.

—Sí, estoy sola —dijo Clara un poco avergonzada de que su hermana la hubiera pescado hablando sola.

—¿Qué discutías? —le preguntó Heather.

—No tiene importancia —dijo mientras salían del comedor.

—¿Quién ganó la discusión? —bromeó Heather.

—Mi mejor yo —dijo Clara—. El yo que quiere una galletita, pero que no quiere que la pesquen robándola, y el yo que sabe que mañana tendrá una de todas formas. ¡Ese al que he tenido que sacar de aquí porque el aroma lo está volviendo loco!

Recuerda

El fruto del Espíritu es [...] dominio propio.
Gálatas 5:22-23

DIOS SIEMPRE TE AYUDA.

Haz la voluntad de Dios y pídele que te dé su poder. Eso te dará verdadera fuerza de voluntad.

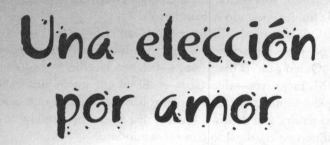

Una elección por amor

Allí donde haya odio, permíteme sembrar amor.

A todos los niños les dio por reírse cuando la maestra le pidió a la niña nueva que dijera su nombre a la clase. Ella tartamudeaba mucho por lo cual tardó varios segundos en decir su primer nombre. Cuando comenzó a luchar con su apellido, las risitas se convirtieron en grandes risas. La niña, cuyo nombre era Brenda, huyó del salón de clase.

La maestra se volteó hacia Sammi, que se sentaba justo delante de Brenda, y le dijo:

—Ve a buscarla.

Sammi salió con lentitud del aula, sin estar segura a dónde habría ido Brenda, ni qué le diría cuando la encontrara. Por último, la descubrió sentada en una hamaca, llorando. Sammi se acercó y solo le dijo:

—Mi nombre es Sammi y seré tu amiga.

—N-n-n-nadie es mi amiga —dijo Brenda.

—Bueno, yo lo soy ahora —dijo Sammi—. Y te voy a presentar a mis amigas, y ellas serán tus amigas también.

—¿Po-po-por qué estás tan segura? —preguntó Brenda tartamudeando un poco menos.

—Porque mis amigas son en realidad agradables, una vez que las conoces. Yo creo que tú también eres agradable, y una vez que te conozcan van a llevarse muy bien. Te lo aseguro.

Sammi habló con una sonrisa tan grande en su cara que Brenda no pudo pasarla por alto.

—Déjame comprobártelo —dijo Sammi—. Pero primero, cuéntame un poquito sobre ti.

Las dos conversaron por unos minutos y luego regresaron al aula. Cuando llegaron al aula, Sammi le anunció a toda la clase:

—Nuestra nueva compañera es Brenda Downing. Ella es de Tennessee, tiene un hermano mayor y un perro pastor alemán, y toca el piano. Y es mi amiga. Todos sonrieron esta vez... y nadie se rió.

Recuerda

Ámense unos a otros como hermanos.
Romanos 12:10, TLA

PARA HACER UN NUEVO AMIGO, SÉ UN AMIGO.

Ten la voluntad de hacer nuevos amigos. Acércate a otros niños que puedan estar heridos, tristes, avergonzados o solos.

Las reglas de la cafetería

Nunca puedes equivocarte cuando eliges
obedecer a Cristo.

La familia Jacobs estaba haciendo un viaje durante el verano por las rutas de cuatro estados del sudoeste de Estados Unidos. Un día se detuvieron para almorzar en una cafetería en las afueras de un pequeño pueblo de Tejas. Mientras comían, Ember descubrió un cartel en la pared de la cafetería.

—Mira papá —dijo—, tienen reglas en esta cafetería.

El papá las miró y comenzó a sonreír.

—Niños, ¿no reconocen esas reglas? —preguntó.

Gene se quedó mirando por largo rato el cartel y dijo:

—Me parece conocido.

—Papá, ¿por qué no las lees en voz alta para nosotros? —dijo sonriendo la mamá.

El papá leyó:

Las diez reglas más importantes de esta cafetería.

Regla número uno: Solo un Dios.

Regla número dos: Honra a tu mamá y papá.

Regla número tres: No vengas con cuentos ni chismes.

Regla número cuatro: Ve a las reuniones de los domingos.

—Ya sé, ya sé —dijo Ember—. ¡Esos son Los Diez Mandamientos!

—Así es —dijo el papá—. Y aquí están los otros seis.

Él leyó:

Regla número cinco: No pongas nada antes que Dios.

Regla número seis: No andes por ahí con la niña de otro.

Regla número siete: No mates.

Regla número ocho: Cuida tu boca.

Regla número nueve: No tomes lo que no es tuyo.

Regla número diez: No desees las cosas de tus amigotes.

—¡Eso está súper! —dijo Brett cuando terminó el papá.

—Hay gente a través de nuestra nación que sabe lo que sirve para una sociedad buena y decente —dijo la mamá—. Los mandamientos de Dios no son solo para las personas de los tiempos bíblicos. Son para todos, en todo tiempo.

Recuerda

Lo que importa es cumplir los mandatos de Dios.
1 Corintios 7:19

LOS MANDAMIENTOS DE DIOS SON PARA NUESTRO BIEN.

Dios no nos dio los Diez Mandamientos para quitarnos la diversión. ¡No! Él nos los dio para que podamos tener la mejor vida posible, ahora y siempre.

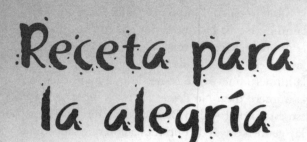

Receta para la alegría

La alegría solo es verdadera si las personas consideran sus vidas como un servicio, y tienen un objetivo definido en la vida que vaya más allá de ellas mismas y de su felicidad personal.

—Pareces estar un poco decaída —dijo la mamá de Lena—. ¿Sucede algo?

—Estoy aburrida —dijo Lena—. Kammi y Lynda están de campamento. Estoy cansada de leer. La escuela apenas comienza dentro de dos semanas...

—Parece bastante desalentador —dijo la mamá.

—¡Así es! —contestó Lena.

—¿Qué piensas hacer al respecto? —preguntó la mamá.

—¿Qué puedo hacer? —dijo Lena.

La mamá tomó una tarjeta en blanco de la caja de recetas que tenía sobre la encimera. Escribió en la tarjeta durante un minuto o dos, y se la dio a Lena.

—Léela en voz alta para mí —dijo.

—Receta para la alegría —leyó Lena—. Haz algo agradable para alguien que ames y ora a Dios mientras lo estés haciendo.

—¿Eso me dará alegría?

—Te lo garantizo —dijo la mamá—. Siempre me da resultado. Si miras dentro de tu corazón y haces algo por amor a otra persona, sentirás alegría.

Lena miró la tarjeta por unos minutos más y luego se retiró hacia su habitación. Regresó al cabo de unos minutos con varios libros de música bajo el brazo.

—Vuelvo en más o menos una hora —dijo Lena mientras se dirigía a la puerta de entrada.

—¿Adónde vas? —preguntó su mamá.

—A la casa de la señora Martínez, que vive en esta calle y le encanta escucharme tocar el piano, es probable que esté más aburrida que yo. Creo que iré y tocaré para ella.

Su mamá vio una gran sonrisa en la cara de Lena mientras esta ponía los libros de música en el canasto de su bicicleta y salía pedaleando hacia la calle.

Recuerda

Estén siempre alegres.
1 Tesalonicenses 5:16

«ESTAR ALEGRES» ES UN MANDAMIENTO.

¡Tú puedes hacerlo!

Tú tienes la capacidad de decidir si tendrás alegría. La clave de la alegría está en ayudar a otros, dar a otros o compartir con otros. Todos tienen a alguna persona a la cual ayudar, dar o compartir.

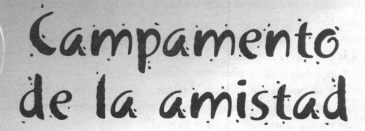

Campamento de la amistad

Ningún cerdo ha tenido verdaderos amigos, y [Wilbur] se dio cuenta de que la amistad es una de las cosas más satisfactorias del mundo.

Era el primer día del Campamento de la Amistad y las nuevas consejeras estaban un poco nerviosas. El año anterior Tammy y Kathleen fueron campistas. ¡Ahora eran consejeras principiantes! Era maravilloso. Las dos amigas se habían conocido cinco años atrás en el Campamento de la Amistad.

—Tammy, ¿orarías por mí? — preguntó Kathleen—. Estoy nerviosa y quiero hacer esto de la mejor manera posible. Quiero que los campistas sepan cuánto los ama Jesús.

—Seguro. Y quisiera que tú también orases por mí —dijo Tammy.

Las niñas se unieron en la oración: «Jesús, tú sabes que tenemos miedo. Pero también sabes que queremos dar lo mejor de nosotras por ti. Ayúdanos a mostrarles a los otros cuánto los amas. Amén».

—¡Vamos! —dijeron juntas.

«Hola, mi nombre es Tammy», le dijo a su grupo de cinco campistas. «Es grandioso que estén en el Campamento de la Amistad. Haremos cosas increíbles como trepar la soga, concursos bíblicos y pintar camisetas. Lo más importante de todo es que ustedes sepan que son maravillosas... ¡para nosotros y para Jesús!

Kathleen le contó a su grupo acerca de su primera vez en el campamento. «No conocía a nadie en todo el campamento y estaba asustada. Aquí conocí a mi mejor amiga, ¡que todavía sigue siéndolo! El Campamento de la Amistad trata de cómo ser un amigo y de cómo pueden conocer a Jesús como su amigo».

El tiempo pasó con rapidez. Estuvo lleno de actividades: estudios bíblicos, recreación, descanso y manualidades.

—Kathleen, ¿cómo te fue? —preguntó Tammy.

—¡Fabuloso! ¡Nunca pensé que podía contarle a alguien más acerca de Jesús, pero lo hice!

—Y yo nunca pensé que podía ser una líder. ¡Creo que nuestra oración fue determinante!

Mis ojos están puestos siempre en el SEÑOR.
Salmo 25:15

EXPRESA TUS ALEGRÍAS Y TUS MIEDOS.

¡Tú puedes hacerlo!

Dale buenas noticias a una amiga. Ten buena disposición para escuchar cuando alguna amiga tenga un problema que sea demasiado grande para ella. Luego ve a Dios en busca de ayuda.

La visita

Nada como una buena palabra para
cambiar una mala situación.

—Tenemos que apurarnos —dijo la mamá a Viona—.
Queremos asegurarnos de llegar antes de que termine el horario de
visita para poder ver a Felix.

Mientras subían en el ascensor hasta el octavo piso del hospital,
Viona dijo:

—Mamá, estoy nerviosa. ¿Qué debería decirle a Félix?

—Félix ha sido tu amigo por años —dijo la mamá—. Solo dile
lo que le dirías si no estuviera enfermo.

—Pero está enfermo —dijo Viona—. Tiene cáncer, y eso significa que podría morir.

El ascensor se detuvo, y la mamá y Viona salieron y entraron a la
sala de espera.

—Viona, nadie excepto Dios sabe si él va a morir. Yo estoy orando y creyendo que Félix va a vivir, y esta noche antes de irnos, vamos
a tomarnos de las manos con Félix y a pedirle a Dios que lo sane. Si
Dios lo sana o no, es tarea de Dios. Nuestra tarea es orar con fe.

»Nuestra tarea es levantarle el ánimo a Félix —continuó la
mamá—. Tenemos que decirle que lo queremos y que esperamos con

ansias que regrese a casa. Tenemos que contarle cómo andan las cosas en el vecindario, así no se siente que se está perdiendo algo.

—Entiendo —dijo Viona. Se levantó y se dirigió a la habitación de Félix.

—Hola Félix —dijo animada—. No sabes cuánta falta nos hiciste anoche. Nos dieron una paliza en el partido fútbol, perdimos ocho a dos. Déjame que te cuente cómo fue el juego.

Félix quiso saber todos los detalles. Durante la siguiente media hora, se le olvidó que estaba enfermo.

Recuerda

Saluden de mi parte a los miembros de la iglesia.
Colosenses 4:15, TLA

UNA PALABRA POSITIVA ES PODEROSA.

¡Tú puedes hacerlo!

Las palabras buenas que le dices a otra persona pueden hacer que cambie su vida... ¡para bien! Pídele a Dios que te muestre lo mejor que puedas decirle a la próxima persona con la que te encuentres.

Un ejemplo

El buen ejemplo es el regalo más importante
que les podemos otorgar a otros.

Marilyn estaba parada frente al espejo arreglándose el cabello.

—Desearía ser linda —le dijo quejándose a su madre—. Mi cabello es color ratón y mis pies son demasiado grandes. Desearía ser más alta. ¿Y cuándo me voy a librar de estos aparatos de los dientes?

—Marilyn, tú eres hermosa, y cada día te vas poniendo más bonita. Estás más alta, y te queda pequeña la ropa que usaste para la escuela el año pasado. Necesitarás algunas cosas nuevas antes de que empiecen las clases.

—Necesito zapatos, y quisiera algunos vaqueros nuevos y camisetas.

—Podemos ir de compras el viernes. Y te pediré un turno para la peluquería, así te cortas el cabello antes de comenzar las clases.

—Gracias, mamá —dijo Marilyn.

Esa misma tarde, Marilyn escuchó a su hermanita en su habitación hablarle a su muñeca preferida, Buffy.

—Tú sabes, Buffy —comenzó Rebbeca—. Me parece que no soy muy bonita. Mi pelo es muy lacio y mis dientes están torcidos. Desearía tener los ojos color café como los de Marilyn. ¿Crees que alguna vez seré linda?

Marilyn estaba impactada de oír a Rebbeca hablar de esa manera. Rebbeca era muy bonita y tenía una personalidad chispeante. Su presencia iluminaba la habitación en que estaba. ¿Por qué pensaría de esa manera de sí misma? ¡Nada de eso era verdad en absoluto!

Marilyn se dio cuenta de que Rebbeca había escuchado la conversación que tuvo con su mamá esa mañana. ¡Estaba repitiendo todo lo que Marilyn dijo de sí misma!

Marilyn fue a buscar a su madre.

«Mamá, lamento lo que dije esta mañana acerca de mi apariencia. Yo quiero ser hermosa, pero más que eso, quiero que mi hermanita crea que ella es hermosa».

Debes ser un ejemplo para los creyentes en tu modo
de hablar y de portarte.
1 Timoteo 4:12, DHH

ALABA A DIOS POR TU VIDA.

Escúchate antes de quejarte. Tus palabras y acciones pueden causar impacto en otras personas. Puedes ser un ejemplo para otros que te observan.

Cada poquito cuenta

Mientras el monedero se vacía,
el corazón se llena.

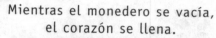

Jennifer se quedó mirando la moneda de veinticinco centavos que estaba en su mano. *Mi ofrenda es tan pequeña*, pensó, *no determinará nada si no la pongo en el plato de la iglesia. Nadie la extrañará.*

Guardó la monedita en su bolsillo, tomó su Biblia y se fue a la Escuela Dominical.

La lección de esa semana trató acerca de la viuda que fue al templo en Jerusalén y dio una ofrenda: dos pequeñas monedas de cobre del valor de un centavo. ¡Jesús dijo que su ofrenda importaba! Jennifer tragó saliva. ¡*Tal vez Dios escuchó mis pensamientos!* Luego su maestra les contó esta historia:

«Había una vez un príncipe en la India que una noche soñó que tenía un hermoso jardín. El lago que había allí era diferente a cualquier otro lago del mundo, porque estaba lleno de perfume. Su maravilloso aroma llenaba todo el jardín y el pueblo cercano. Cuando el príncipe se despertó, decidió hacer realidad su sueño. Aunque era muy rico, no tenía suficiente dinero como para llenar un lago con perfume. Por lo tanto, invitó a todas las personas de la región a una fiesta. A cada uno de los invitados se le pidió que llevara un frasquito de perfume y lo vaciara en el lago.

»Los pobladores de toda la nación asistieron a la fiesta, y uno por uno fueron vaciando su frasquito en el lago. Sin embargo, para sorpresa de todos, el lago no olía diferente. Al final, el príncipe pidió que se tomara una muestra del agua en el punto donde los invitados estuvieron vaciando sus frasquitos. Para consternación del príncipe, ¡descubrió que el agua era solo agua! El príncipe se dio cuenta de que todos habían pensado lo mismo: *Mi pequeña parte no importará,* ¡por lo que todos habían echado agua en vez de perfume en el lago!»

La maestra dijo: «Nadie pensó que su pequeño frasquito de perfume sería determinante. Muchas personas piensan de esa manera acerca de sus ofrendas. La verdad es que, cada poquito cuenta».

¡Jennifer a duras penas podía esperar para poner su monedita en el plato!

Recuerda

Cada uno debe dar según lo que haya decidido en su corazón,
no de mala gana ni por obligación, porque Dios ama
al que da con alegría.
2 Corintios 9:7

LA ALEGRÍA ES PARTE DEL DAR.

Da con alegría y Dios te lo devolverá a fin de que puedas recibir con alegría.

Tiempo de bayas

Refunfuñaba como un niño por todas las tareas de la casa y la práctica que tenía que hacer... Ahora, al mirar atrás, estoy agradecida porque ese trabajo duro me ha convertido en una persona más fuerte y responsable.

A Kimberly y a su hermano, Mark, les encantaba estar en el campo con su abuela y su abuelo. Una de las cosas que más disfrutaban era montar a caballo. Les encantaban los caballos.

Era la época de las zarzamoras. Todos los años, la abuela pedía que la ayudaran a recoger las moras. Era agotador sacar las moras que crecían de las plantas espinosas.

—Si no sacamos las moras hoy, se pudrirán en las plantas —dijo la abuela—. Si tomamos un balde cada uno, no tardaremos mucho.

A Mark y a Kimberly les encantaba comer moras y les gustaba mucho el dulce casero que hacía la abuela, pero sentían menos entusiasmo por recoger moras. Preferían montar a caballo.

Los niños se miraron el uno al otro.

—Ayudaremos, abuela.

Tomaron un recipiente cada uno y se dirigieron al lugar de las moras. No pasó mucho tiempo antes de que Mark dijera:

—Me duele la espalda, no creo que pueda hacer esto por mucho tiempo más.

—Trata de llenar tu balde, Mark. Entonces quedarás libre por hoy. ¿Cómo va eso, Kimberly? —preguntó la abuela.

—Va bien, abuela. Comí algunas moras, eso me ayuda a mantenerme —bromeó Kimberly.

Mark llenó su balde casi hasta el borde y declaró haber terminado. Se fue a cabalgar. Kimberly continuó trabajando. No llenó solo un balde, llenó dos.

Antes de que se fueran a su casa, el abuelo dijo:

—Kimberly, aquí tienes $5 por tus dos baldes de moras. Mark, aquí tienes $2.50 por tu balde.

—¡No sabía que nos iban a pagar por esto! —contestó Mark.

—Tu abuela y yo pensamos que deberían ser recompensados por su duro trabajo. No podemos hacerlo todo nosotros solos. ¡Muchas gracias! Y este invierno, todos vamos a poder tomar helado de moras.

Recuerda

Las manos ociosas conducen a la pobreza;
las manos hábiles atraen riquezas.
Proverbios 10:4

TU MEJOR ESFUERZO ES UNA RECOMPENSA.

Puedes comenzar y terminar un trabajo grande dividiéndolo en trabajos más pequeños, haciéndolos uno a uno hasta que todo el trabajo esté completo.

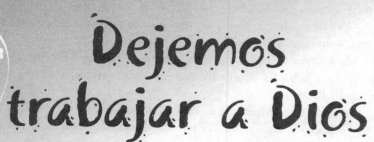

Dejemos trabajar a Dios

La paciencia es una de las pocas cosas
que no puedes aprender con rapidez.

Los estudiantes escuchaban entusiasmados al reverendo Clem. Era misionero en un grupo de islas del Pacífico Sur, y tenía muchas historias emocionantes que contar acerca de los encuentros con sus habitantes.

—¿Han aceptado muchas personas a Cristo? —preguntó Baylor.

—No conozco a ninguno que lo haya aceptado todavía —contestó el misionero—, pero no me desanimo. Solo he estado ahí cuatro años.

Miró al grupo de estudiantes y se dio cuenta de que muchos pensaban que cuatro años era mucho tiempo y que había fallado como misionero.

—En esa parte del mundo, las personas necesitan aprender a confiar en ti antes de creerte —dijo el reverendo Clem—. Tienen que observar tu vida, y ver si en realidad lo que dices, lo dices en serio.

—¿Pero no es difícil seguir predicando si nadie te cree? —preguntó Jerilyn.

—Sí —contestó el reverendo Clem—, pero trato de recordar las experiencias de otros misioneros. En una iglesia, en África Occidental, un misionero trabajó durante catorce años antes de que alguien aceptara a Cristo. En África Oriental tardaron diez años. En Nueva Zelanda un misionero trabajó durante nueve años hasta que alguien recibiera a Jesús como su Salvador, ¡y en Tahití tomó dieciséis años!

—¡Bueno! —dijo David que estaba sentado en la primera fila—, ¡me imagino que puedo seguir hablándole a Frank de Jesús! ¡Solo le he estado hablando de Cristo por un año!

Todos los estudiantes se rieron, porque todos sabían que Frank era el matón de la escuela.

—La clave —dijo el reverendo Clem—, es que le hables a Frank sobre Jesús, sintiendo amor en tu corazón hacia Frank, y luego vivas lo que dices haciendo cosas buenas para él y tratándolo con respeto.

—El trabajo de misionero es duro —dijo David. Esta vez, nadie se rió.

Recuerda

Ustedes también tengan paciencia y manténganse firmes,
porque muy pronto volverá el Señor.
Santiago 5:8, DHH

NO ABANDONES LA ESPERANZA.

Tu tarea es contarles a las personas acerca de Jesús. Perdonar pecados y salvar almas es tarea de Dios. Confía en que Dios te ayudará a hacer tu tarea... y luego confía en que Dios hará la suya.

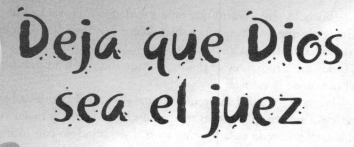

Deja que Dios sea el juez

Nosotros nos juzgamos por lo que nos creemos capaces de hacer, mientras que los otros nos juzgan por lo que ya hicimos.

—Tú no pusiste dinero — le dijo Vanessa a Melanie, su hermana menor—. Yo vi que fingías poner dinero en ese sobre, pero en realidad no lo hiciste.

—¿Y qué? —dijo Mel—. Yo no tenía que dar nada. Nunca dije en la escuela que iba a colaborar con la colecta para comprar una computadora nueva. Jamás prometí que iba a dar algo.

—¿Entonces por qué no dejaste pasar el sobre? —preguntó Vanessa—. Si no te importaba, ¿por qué fingiste que estabas dando cuando en realidad no lo hacías?

—Quizá solo quería evitar preguntas de hermanas entremetidas —dijo Mel.

—¡Quizá solo querías que la gente pensara que eres una gran muchacha, cuando en realidad no lo eres! —dijo Vanessa mientras Mel se iba enojada.

Más tarde, Mel se puso a pensar en lo que Vanessa le había dicho. Era verdad, había querido que la gente pensara que colaboraba, en especial la maestra, que fue la que pasó el sobre. Vanessa tenía razón. Lo que ella hizo fue una forma de mentir, fingiendo hacer una cosa, cuando en realidad hacía otra. Se sentía horrible.

Vanessa también comenzó a pensar en lo que había dicho. Se sentía mal y no sabía en realidad por qué. Al final, entendió que no era su papel el de enfrentar a su hermana menor. Dios vio lo que Mel había hecho, y Dios era capaz de tratar ese asunto con Mel.

—Lo siento —le dijo Vanessa a Mel esa noche antes de cenar.

—Yo también lo siento —dijo Mel.

—Supongo que ambas le debemos una disculpa a Dios —dijo Vanessa.

Mel asintió. Era bueno tener una hermana que quisiera hacer lo bueno, pero que también supiera cuando hacía algo mal. Vanessa sonrió. Le hacía sentir bien que su hermana quisiera hacer lo bueno aunque no siempre lo lograra en el primer intento.

Recuerda

«No juzguen a nadie, para que nadie los juzgue a ustedes».
Mateo 7:1

DEJA QUE DIOS SEA EL QUE JUZGUE.

¡Tú puedes hacerlo!

Dios quiere que juzguemos entre el comportamiento bueno y el malo y que sepamos lo que es debido o indebido, pero no quiere que juzguemos a las personas. Él se ocupará de eso.

La hermana de fin de semana

Todos los niños necesitan un poco de ayuda,
un poco de esperanza y alguien que crea en ellos.

La hermanastra de Jessica pasaba todos los fines de semana en la casa de Jessica. Kayla era menor, pero tenían que compartir el dormitorio. Con el nuevo bebé, y un hermano mayor, no había otro lugar para ella.

Para ser una pequeña niña, Kayla no era demasiado mala. ¿Pero por qué tenía que venir justo este fin de semana? Era el cumpleaños de Jessica e iban a ir sus amigas. Ella no quería a Kayla a su alrededor.

—Jessica, ¿puedo ir a tu fiesta de cumpleaños?

—No sé Kayla, mis amigas son mucho mayores que tú.

—Prometo portarme bien. Eres muy linda y me gustan todas tus amigas.

Kayla estaba definitivamente encantada y ansiosa de complacer a su nueva «hermana mayor». Sin embargo, ¿ir a la fiesta? Jessica no sabía lo que debía hacer. Debe ser duro ir de casa en casa cada fin de semana. El papá de Jessica murió hace varios años... y eso fue en verdad difícil para ella. Pero Kayla tenía que compartir a su papá con otra familia, después que él y la mamá de Jessica se casaron. Eso tampoco podía ser fácil. No era la culpa de Kayla estar en esa situación.

—Tengo una idea, Kayla. ¿Te gustaría ser la anfitriona? Eso nos ayudaría mucho tanto a mamá como a mí.

—¿Qué quiere decir "ser la anfitriona"?

—Cuando lleguen mis amigas, tú llevas sus abrigos a mi habitación. Después les muestras el lugar donde haremos la fiesta. Ayudas a servir los refrescos y entonces comenzamos los juegos. Tú puedes ocuparte de la música. Cuando la fiesta termina, les puedes entregar un pequeño regalo de recuerdo antes de que se vayan.

—Eso es mucho para hacer. Pero si me ayudas, ¡puedo hacerlo!

—Gracias Kayla. Eres la persona perfecta para brindar ayuda.

Recuerda

Y él nos ha dado este mandamiento: el que ama a Dios,
ame también a su hermano.
1 Juan 4:21

AMA A TU HERMANO O HERMANA.

Muéstrales a tus hermanos que los quieres. Comparte con ellos algo de valor cuando no lo esperen.

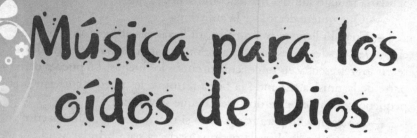

Música para los oídos de Dios

La alabanza es música para los oídos de Dios.

—En verdad, me encanta la música —dijo Shanika mientras sacudía la cabeza siguiendo la música con los auriculares puestos.

—¡A mí también! —gritó el papá, esperando que Shanika pudiera oírlo.

—¿Qué? —dijo Shanika quitándose los auriculares.

—A mí también —repitió el papá.

—Contándome a mí, somos tres —dijo Jordie, el hermano menor de Shanika, mientras entraba en la habitación.

—¿Saben de dónde viene la música? —preguntó el papá.

—No —dijo Shanika.

—Bueno, hay una antigua leyenda judía que dice que después que Dios creó el mundo, Él llamó a los ángeles y les preguntó qué pensaban de su trabajo. Uno de los ángeles dijo: "Falta algo, no hay ningún sonido para tu alabanza". Entonces, Dios hizo la música. Se escuchaba en el murmullo del viento y en el canto de los pájaros. Adán y Eva aprendieron a cantar imitando el sonido del viento en los árboles y el canto de los pájaros. Luego, un día comenzaron a preguntarse si tenían dentro de sus corazones su música propia. Después de todo, si cada clase de pájaro tenía un tipo de música diferente, tal vez tuvieran un tipo de música propia dentro de ellos. Entonces, abrieron sus bocas y comenzaron a cantar.

—Grandioso —dijo Jordie.

—Y luego —dijo el papá—, la Biblia dice que en el tiempo de Adán y Eva, una de las personas de aquella época era Jubal, de él se dice que "fue el antepasado de los que tocan el arpa y la flauta". Y así fue que se inventaron los instrumentos musicales para ir acompañando a las canciones.

Luego el papá les propuso un desafío:

—En esta tarde lluviosa que no pueden salir a jugar, ¿creen ser ustedes dos lo suficientemente creativos como para inventar un instrumento musical nuevo con las cosas que hay en casa y usarlo para acompañar una canción compuesta por ustedes?

¡A Shanika y a Jordie les tomó toda la tarde descubrir que sí podían!

Canten alabanzas a nuestro Dios, con acompañamiento de arpa.
Salmo 147:7, DHH

A DIOS LE ENCANTA ESCUCHARNOS CANTAR PARA ÉL.

Compón una nueva canción para cantar a Dios. ¡A Él le encantará oírla!

El concierto

Posponer una cosa fácil la hace difícil, y posponer
una cosa difícil la hace imposible.

La partitura estaba delante de ella como un boletín con malas
calificaciones, llena de cosas que no quería ver. Hasta el taburete del
piano se volvía más incómodo a cada segundo, sabía que el silencio
llegaría a los oídos de su madre más rápido que las malas notas que
había estado tocando durante los últimos diez minutos.

—No te escucho —dijo su madre desde la cocina.

—Está bien, mamá, solo estoy pensando en la música.

Ahora su mamá estaba parada en la puerta.

—Lindy, tu abuela siempre quiso tocar el piano, pero su familia
nunca le pudo comprar uno. Es por eso que manda el dinero para las
lecciones. Solo pensar en la música no ayudará a que aprendas lo que
tienes que tocar en el concierto. Quiero que practiques por lo menos
media hora todos los días durante esta semana, antes de que llegue a
casa del trabajo. ¿Puedo contar contigo?

—¡Huy! —masculló Lindy mientras volvía a la música. Esperaba
que su mamá no se hubiera dado cuenta de que en realidad no había
prometido nada.

Por el resto de la semana, Lindy pospuso su práctica. El viernes
en realidad no empezó a practicar hasta que escuchó cerrarse la puerta

del auto de su madre. Lindy no estaba preocupada, faltaban semanas para el concierto.

Por fin llegó el día del concierto. La abuela le había mandado un hermoso vestido para que se pusiera, pero ella se sentía desdichada. ¡Su pieza de música no estaba lista!

De repente dijeron su nombre. Sus rodillas temblaron mientras caminaba hacia el piano. Al sentarse en el taburete, el flash de una cámara de la primera fila le llamó la atención y ahí vio la cara radiante de su abuela, que había hecho todo ese viaje desde Maine para sorprenderla en su primer recital.

En ese momento, Lindy comprendió que la dilación, es decir, dejar las cosas para último momento, puede ser otro término para decir vergüenza.

Corramos con perseverancia la carrera
que tenemos por delante.
Hebreos 12:1

LAS TAREAS MÁS DIFÍCILES SE VUELVEN AUN MÁS DIFÍCILES CUANDO LAS POSPONES.

Algunas veces, los plazos parecen estar muy lejos... cuando en realidad no lo están. Pídele a Dios que hoy te ayude a comenzar un gran proyecto.

El resto de la historia

Juzgar y condenar no son dones
del Espíritu.

Jeanne nunca había visto a la niña que estaba sentada en un banco en el salón de clases. Los estudiantes llenaron el salón, pero nadie le habló. Justo cuando Jeanne iba a presentarse, su mejor amiga, Elizabeth, se colgó de su brazo y la arrastró hasta el pasillo.

«¡Dos asientos juntos, Jeanne! ¡Apurémonos antes de que alguien los ocupe!», dijo Elizabeth, y corrió hacia donde estaban los dos pupitres. La campana sonó y la voz del director se escuchó por los altavoces.

«¡Buenos días! Por favor, pónganse de pie para el Juramento de Lealtad».

Los estudiantes se pusieron de pie. Desde el ataque terrorista a las Torres Gemelas en la ciudad de Nueva York, ese juramento tenía un nuevo significado para Jeanne y los otros estudiantes.

Jeanne notó que la niña de la primera fila permanecía sentada en su asiento. Sintió que se llenaba de ira. *¡Cómo se atreve una extraña a venir a nuestra clase y mostrar semejante falta de respeto!*, pensó. Terminó el juramento y Jeanne le murmuró a Elizabeth:

«¿Viste eso?»

«¿Qué? ¿La niña nueva? Este es un país libre».

La falta de preocupación de Elizabeth molestó aun más a Jeanne. Se pasó toda la mañana pensando cosas para decirle a la niña nueva.

Cuando sonó la campana para el recreo del almuerzo, Jeanne se dirigió hacia la extraña. Justo entonces, entró el señor Nichols, el guardián de la escuela, empujando un objeto con ruedas. Se detuvo delante de la niña nueva.

«Aquí la tienes, Shanna. ¡No más chirridos! La aceité bien y quedó como nueva», dijo mientras desplegaba de un golpe una silla de ruedas.

Jeanne se detuvo en su camino, avergonzada de lo que había pensado. Entonces, arrastrando a Elizabeth con ella, se presentó ante la niña nueva y le dijo:

«Hola, soy Jeanne y esta es Elizabeth. Esperamos que te sientes con nosotras para el almuerzo».

Recuerda

Ayuden a los débiles y sean pacientes con todos.
1 Tesalonicenses 5:14

NO JUZGUES HASTA CONOCER TODA LA HISTORIA.

¡Tú puedes hacerlo!

Pídele a Dios que te dé un espíritu paciente cuando veas a alguien haciendo algo que tú crees que es una falta de respeto. Después, habla con la persona en lugar de juzgarla a sus espaldas.

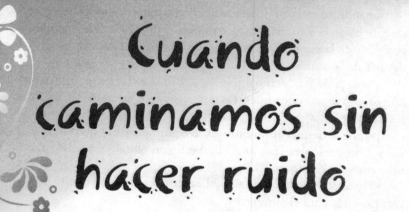

Cuando caminamos sin hacer ruido

Nada pone a una persona más lejos del alcance
del diablo que la humildad.

—Gordon es un flojo —dijo Jill.

—¿Por qué dices eso? —preguntó el papá—. ¿Porque no juega al fútbol ni dice malas palabras o no fanfarronea por ahí como si fuera el mejor del mundo?

—No —dijo Jill—. Es un flojo porque siempre retrocede y no se defiende cuando los otros niños lo molestan. Necesita defenderse solo.

—¿Por qué lo molestan? —preguntó el papá.

—Ah, por tonterías —dijo Jill—. Lo molestan porque se va cuando cuentan chistes sucios o permite que alguien se ponga delante de él en la fila y no le dice que se vaya. Tonterías como esas.

Tal vez debería hablar con él, pensó el papá. *Está en el grupo de exploradores que lidero. Nunca he notado que retrocediera a alguna de las cosas que hacemos en nuestras caminatas o en los campamentos nocturnos. Parece tener mucho coraje y siempre es servicial con los nuevos exploradores del grupo.*

—Gordon —lo llamó el señor White en la siguiente caminata que hicieron juntos—. Los amigos siempre les ponen sobrenombres a los otros amigos. ¿Qué haces si los niños te ponen sobrenombres?

—No hago nada —dijo Gordon—. ¿Qué sentido tiene? Me imagino que si soy desagradable con los niños que me ponen sobrenombres, de alguna manera eso evita que sea agradable con las personas. No puedes ser desagradable y agradable al mismo tiempo.

Luego añadió:

—Mi papá una vez me contó acerca de un presidente de los Estados Unidos que dijo caminar sin hacer ruido y llevar un gran bastón. Mi papá dijo que prefería el dicho. "Camina sin hacer ruido y cree en un gran Dios". A mí me gusta eso también.

Gordon no es un flojo, pensó el señor White. *Es humilde. ¡Y qué bueno es eso! Necesito enseñarle a Jill la diferencia.*

Recuerda

El fruto del Espíritu es [...] humildad.
Gálatas 5:22-23

LA HUMILDAD PUEDE HABLAR POR TI.

¡Tú puedes hacerlo!

Muchas personas dicen que tenemos que pelear nuestras propias batallas, pero la Palabra de Dios dice que el Señor peleará por nosotros. Confía hoy en Dios para que haga todas tus «peleas».

El conjunto rosa

Juzgamos a los otros por su comportamiento. Nos juzgamos a nosotros mismos por nuestras intenciones.

Mara no podía creer su suerte. Había estado solo dos días en la nueva escuela cuando Lacey, la niña más popular de la escuela, la invitó a una fiesta de las «Niñas del Sol».

—¿Quiénes son las Niñas del Sol? —preguntó la mamá de Mara.

—Ah, solo son el grupo más importante y popular de la escuela. No son en realidad un club, pero son el grupo más genial de la escuela... donde están todas las niñas más populares. Soy muy afortunada de haberles gustado. ¡A todas les encantaría ser una Niña de Sol!

—Bueno, querida, no te juegues todo a una carta —dijo la mamá—. Debe haber un montón de gente agradable en la escuela que aún no has conocido. No limites demasiado tu círculo de amigas —explicó su madre.

Aun así, los pensamientos bailaban en la mente de Mara. Si ella era una Niña del Sol, no necesitaría más amigas.

Mara gastó todo el dinero que le habían regalado para su cumpleaños y dos meses de su mesada para comprar el conjunto adecuado para la fiesta, un conjunto rosa fuerte que parecía fantástico.

Cuando Mara fue a la escuela el viernes por la mañana, vio a Lacey charlando con otras dos Niñas del Sol y con otra niña que Mara no conocía.

La nueva niña estaba vestida con ropa de diseñador de la cabeza a los pies.

—Mara, esta es Kendra — dijo Lacey dudando—. Ah, Mara, no puedes venir a mi fiesta esta noche. Kendra va a venir y mi mamá no me deja tener más de doce invitadas. Lo siento.

Mara estaba tan atontada que no pudo moverse mientras Lacey se iba con Kendra. Cuando volvió a la clase, una niña, en quien no había reparado antes, le sonrió.

—No debes tener tanto en común con las Niñas del Sol como tú crees —le dijo—, porque tú eres una persona agradable. ¿Quieres que te presente a otras niñas agradables?

—Gracias —contestó Mara, pensando: *Será grandioso conocer niñas que me vean tal como soy en lugar de tratar de ser lo que otros quieren que yo sea.*

Recuerda

Dios justo, que examinas mente y corazón, acaba con la maldad de los malvados y mantén firme al que es justo.
Salmo 7:9

DIME CON QUIÉN ANDAS Y TE DIRÉ QUIÉN ERES.

¡Tú puedes hacerlo!

La manera en que otros te tratan no debería afectar tu opinión sobre ti misma, sino los amigos que tú eliges.

Gracia agradecida

Es agradable ser importante,
pero más importante es ser agradable.

«¡Mamá, esto es una tontería!», se quejó Catherine. «¿Por qué simplemente no puedo llamar a la tía Catherine y decirle que me gustó el collar que me mandó para mi cumpleaños? Es mucho más rápido y más fácil. ¡De todas maneras costaría menos que ponerle un sello a este sobre viejo!»

Su madre no estaba divertida.

«Catherine, llevas el nombre de tu tía, y para ella eres alguien especial. Se tomó el trabajo de buscar y mandarte algo que pensó que te gustaría. Deberías tener buena voluntad para destinar unos pocos minutos de tu tiempo a escribirle una corta nota de agradecimiento».

Catherine se rindió. No tenía sentido seguir discutiendo con su madre cuando usaba ese tono de voz. Usó el papel de cartas que le dio su madre y escribió cuatro oraciones cortas diciéndole a su tía que le había gustado el collar y que tenía pensado usarlo el próximo domingo. También se aseguró de decir gracias.

Cuando su tía los fue a visitar dos meses más tarde, Catherine se aseguró de que su conjunto de domingo incluyera el collar.

Cuando estaban sentados todos juntos en un banco en la iglesia, la tía Catherine se inclinó ligeramente hacia adelante para ver mejor a su linda sobrina que usaba el collar. Al hacer esto, su Biblia se deslizó por su falda y varios sobres guardados en ella cayeron al piso. Al ayudar a su tía a levantar los papeles, Catherine reconoció su propia escritura en uno de los sobres.

«¡Guardaste mi nota!», le dijo Catherine a su tía.

«¡Por supuesto! Tu nota me hizo sentir muy bien. Me encanta leerla cuando estoy un poquito triste y extraño a mi familia que vive aquí. Los buenos modales siempre hacen que las personas se sientan mejor. Siempre es bueno ser agradecidos, a Dios y a otras personas».

Recuerda

Les escribí [...] para que delante de Dios se dieran cuenta
por ustedes mismos de cuánto interés tienen en nosotros.
Todo esto nos reanima. Además del consuelo.
2 Corintios 7:12-13

LOS BUENOS MODALES MUESTRAN A LOS OTROS EL AMOR DE CRISTO.

¡Tú puedes hacerlo!

Si haces cosas para que otros se sientan más cómodos, aceptados o apreciados, tú te sentirás más cómoda, aceptada y apreciada.

El regalo

Ser adulto es algo que decides en tu interior.

Taylor detestaba ser la menor de la familia. Sentía que nunca podría hacer nada mejor que sus hermanas mayores Tripp y Tracey. No tenían muchos años de diferencia, pero eran suficientes como para que ella siempre se sintiera como «la chiquitita». *Ese es mi lugar en la vida para siempre*, pensó.

Se acercaba la Navidad, y Tripp y Tracey le estaban dando pistas acerca de lo que le podrían regalar a Taylor. Si lograba adivinar, sucedería algo sorprendente: le permitirían ir a esquiar con ellas y sus amigas cuando fueran a la casa de la abuela y el abuelo en Colorado. ¡Apenas podía creerlo! Ella había ido a esquiar con toda la familia, pero nunca con Tripp, Tracey y sus amigas.

Taylor estaba entusiasmada y llena de expectativas. Hizo el inventario de su equipo de esquí. Todo estaba reparado y en buen estado.

La semana antes de Navidad, Tripp y Tracey le dijeron que tenían que hablar con ella.

—Taylor —comenzaron—, hemos estado pensando. Podrías ser demasiado pequeña como para venir con nosotras y nuestras amigas. Tal vez el año próximo.

Taylor estaba destrozada, pero no discutió. Era el viaje de sus hermanas y de sus amigas. En la mañana de Navidad había una caja envuelta con el nombre de Taylor. Sin duda era un premio de consuelo. Aun así, lo abrió con prisa. Adentro había un sobre con su nombre. Sacó la tarjeta. Era una invitación de parte de Tripp y Tracey... ¡una invitación para ir a esquiar!

«¡Vaya!», dijo Taylor. «¡Pensé que habían cambiado de idea!»

«Bueno. Pensamos hacerte una prueba para ver si eras lo suficiente madura como para venir. ¡Y la pasaste con las mejores clasificaciones!»

Recuerda

El niño crecía y se fortalecía; progresaba en sabiduría,
y la gracia de Dios lo acompañaba.
Lucas 2:40

CRECE DESDE EL INTERIOR.

¡Tú puedes hacerlo!

En ciertas oportunidades lo más sabio es no decir nada.

El que lo encuentra se lo queda

Una mala conciencia tiene una buena memoria.

¡Bárbara no podía creer su buena suerte! La tía Leslie le había enviado una caja llena de ropa fabulosa que a su prima Pam le había quedado pequeña.

La mamá de Bárbara la dejó sola con su tesoro.

—¡Asómate y muéstrame cada conjunto que te pruebes!

Cuando Bárbara estaba subiéndose el cierre de unos pantalones, notó que había un bulto en uno de los bolsillos. Grande fue su sorpresa cuando sacó un billete de cien dólares del bolsillo. Ella sabía que la familia de su prima Pam tenía más dinero que la suya. Sin embargo, ¿cómo podría ella olvidar cien dólares?

Tal vez no los olvidó, pensó Bárbara. *Tal vez la tía Leslie los puso como un regalo especial para mí. Después de todo, podría tener zapatos nuevos para ir a esa fiesta. Nadie sabe que encontré el dinero, nadie, excepto Dios.*

—¡Bárbara!, ¿por qué tardas tanto? —llamó su mamá.

Bárbara abrió la puerta despacio y caminó hacia su mamá.

—Mamá mira lo que encontré en el bolsillo de estos pantalones.

—Cielos —dijo la mamá.

—¡Estoy segura de que los han perdido! Voy a llamar a la tía Leslie y ver que pasó.

—¡Gracias a Dios! —dijo la tía Leslie.

—Pam iba a tener que trabajar durante semanas cuidando niños para recuperar ese dinero. Es dinero de la recaudación de la escuela. Pam tenía que llevarlo al banco para conseguir cambio para uno de los puestos, pero de alguna manera lo "perdió" en el camino. Estará muy feliz de que lo hayas encontrado.

De regreso a su habitación, Bárbara pensó: *¿Qué hubiera pasado si compraba los zapatos en lugar de devolver el dinero? Me hubiera sentido desdichada al saber de dónde provenía el dinero. ¡Uf! ¡Gracias, Dios!*

Recuerda

Examíname, oh Dios, y conoce mi corazón;
pruébame y conoce mis pensamientos.
Salmo 139:23, RV-60

LA CONCIENCIA ES UN REGALO DE DIOS.

¡Tú puedes hacerlo!

No lo pienses dos veces, haz lo bueno desde la primera vez.

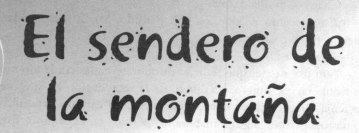

El sendero de la montaña

Todos los gigantes de Dios han sido hombres débiles que hicieron grandes cosas para Dios porque creyeron que Dios estaría con ellos.

—No miren hacia abajo —dijo el líder del grupo.

Eso es fácil de decir, pensó Ruth. Se había preguntado durante la última hora por qué se habría anotado en esta caminata, pero ahora en realidad se cuestionaba su propia decisión.

Ruth disfrutaba de todas las actividades y competencias en el campamento. Le encantaba nadar, jugar al voleibol y remar con las canoas en el lago. Y le gustaban las caminatas por el bosque. ¡Pero no le gustaban las alturas!

Y ahí estaba, al final de una caminata que la había llevado a lo alto de una montaña por un sendero que se había vuelto muy estrecho.

En su mente, Ruth sabía que ese sendero era seguro, y que había mucho lugar para caminar entre el lado de la montaña y lo que parecía ser un declive a su izquierda. Sin embargo, en la boca del estómago, se sentía enferma de miedo. Entonces recordó el versículo de la Biblia sobre el que hablaron esa mañana en un momento de tranquilidad en la cabaña: «Tú eres mi refugio, mi fortaleza, el Dios en quien confío» (Salmo 91:2). Ruth comenzó a decir una y otra vez: «Confío en ti, Dios, confío en ti, Dios». Paso a paso repetía esas palabras... hasta que al fin se encontró en un lugar ancho del sendero y pudo ver que se encontraban bajando la colina de regreso al campamento.

Al final de la semana, sentados alrededor de una gran fogata, el líder le pidió a cada uno de los campistas que pensara cuál fue la cosa más difícil que hizo en el campamento.

—La caminata por el sendero de la montaña —dijo Ruth.

—¿Y qué fue lo mejor que hiciste esta semana? —le preguntó entonces el líder.

Y Ruth se sorprendió al oírse decir:

—Confiar en que Dios me ayudaría en la caminata por el sendero de la montaña.

Mi Dios, en ti confío.
Salmo 25:2

CUANDO CONFIAMOS EN EL SEÑOR, ¡TRIUNFAMOS!

Lo mejor que podemos hacer cuando enfrentamos algo difícil es confiar en Dios. Pídele al Señor que te ayude a confiar más en Él.

Todos los días

Es mejor ser fiel que famoso.

—Bueno, ¿qué tal fue este año? —les preguntó el papá a Brock y a Fran esa tarde una vez que los niños desempacaron y tomaron un baño caliente. Brock y Fran habían ido de campamento por una semana. Cuando el papá los recogió en la iglesia, parecían estar contentos y bronceados, pero también hambrientos y cansados. El momento para conversar sería después de cenar, antes de irse a dormir.

—Estuvo genial —gritó Fran—. En realidad, me gustó el orador de este año. También tuvimos unas buenas charlas y discusiones en nuestro grupo. Y nadar en la laguna y jugar en los canales es siempre divertido.

—¿Y a ti, qué es lo que más te gustó? —le preguntó el papá a Brock.

—En realidad, me gustaron los niños de mi cabaña de este año. A la verdad que tuvimos un buen consejero. Su nombre era Luke y era un verdadero cristiano.

—Tengo un poquito de curiosidad por saber a lo que llamas un verdadero cristiano —dijo el papá.

—Bueno —dijo Brock—, nos hacía pasar el momento después del almuerzo en el bosque con nuestras Biblias, y nos dejaba leer lo que quisiéramos. Llamaba a eso "tiempo devocional". Y cuando se apagaban las luces en la noche, nos guiaba en oración al Señor.

—Esas son muy buenas cosas cristianas para hacer —estuvo de acuerdo el papá—. Es de esperar que el consejero de una campamento cristiano haga esas cosas.

—Pero papá —dijo Brock—, no hicimos eso solo una o dos veces. Lo hicimos todos los días.

—Hay mucho para decir sobre fidelidad —dijo el papá—. Eso es en realidad lo que nos hace verdaderos cristianos para los que no conocen a Jesús como su Salvador.

El fruto del Espíritu es [...] fidelidad.
Gálatas 5:22

SER FIEL SIGNIFICA SEGUIR AL SEÑOR.

Adquiere el hábito de hacer las cosas a la manera de Dios. Los mejores hábitos se convierten en los mejores rasgos de tu carácter.

Mi amiga

Mi mejor amiga es la que resalta
lo mejor de mí.

—No sé por qué siempre te sientas con Gloria a la hora del almuerzo —le dijo Rhonda a Laurel—. Podrías sentarte con nosotras alguna vez. Eso te haría un poco más popular.

—Gloria y yo somos amigas desde que nacimos —se rió Laurel—. Me gusta almorzar con ella.

—¿Pero por qué? —preguntó Rhonda—. A veces Gloria dice cosas en realidad estúpidas.

—¿Te parece? —dijo Laurel—. No me había dado cuenta. Sé que Gloria nunca piensa que lo que yo digo es estúpido.

—Ni siquiera sabe cómo vestirse, ¿viste el conjunto que tiene puesto hoy?

—Me parece que el conjunto que tiene es divertido —le dijo Laurel a Rhonda—. A Gloria siempre le parece que yo me veo muy bien.

—Gloria en realidad no es buena en nada: ni en clase, ni en deportes, ni en nada —dijo Rhonda.

—Pero Gloria siempre está dispuesta a aplaudir a los que hacen las cosas bien, y siempre está dispuesta a decir "felicidades" a los ganadores —dijo Laurel. Luego añadió—: ¿Y sabes qué, Rhonda? Gloria nunca te criticaría, ni a ti ni a otro de la forma que tú la estás criticando. Eso es lo que la hace especial para mí.

—Bueno, me imagino que Gloria y tú son de la misma clase. Dos perdedoras —dijo Rhonda con un malvado tono de voz.

Laurie esbozó una sonrisa.

—Puede ser que Gloria y yo seamos perdedoras ante tus ojos, aun ante los ojos de muchas otras niñas, pero yo sé esto: Es mi amiga y yo soy su amiga. ¡Y solo por eso, nosotras nos vemos como ganadoras!

Recuerda

En todo tiempo ama el amigo.
Proverbios 17:17

RESPALDA A TUS AMIGOS.

¡Elogia, alienta, aplaude y ama a tus amigos! No permitas que otros los humillen sin defenderlos.

¡Persevera!

Con perseverancia el caracol alcanzó
el arca.

—Parece que voy a estar escribiendo siempre el informe de este libro —se quejó Jenna.

—¿En serio? ¿Cuánto tiempo has estado trabajando en él? —preguntó el papá.

—¡Casi una hora! —dijo Jenna—. El informe no necesita estar listo hasta el viernes, pero pensé terminarlo esta noche, así no tendría que preocuparme más por él. Ahora no estoy segura de que pueda terminarlo para el viernes.

El papá sonrió y dijo:

—Jen, ¿estás haciendo un informe del libro de Ernest Hemingway, *El Viejo y el Mar*?

—Así es —dijo Jenna—, y escribir el informe me está tomando más tiempo del que me tomó leer el libro.

—Sin embargo —dijo el papá—, ¿sabías que se dice que Hemingway revisó ochenta veces el manuscrito de *El Viejo y el Mar* antes de entregarlo para publicar?

—¿Ochenta veces? —dijo Jeanna—. Imposible.

—Posible —dijo el papá—. Muchísimos escritores trabajan mucho sobre lo que escriben. Cuando estuve en Londres el año pasado, vi en exhibición un famoso poema. Se exhibían setenta y cinco borradores del poema.

—¿Verdad? —preguntó Jenna.

—Verdad —contestó el papá.

—Una vez escuché que a Noah Webster le tomó treinta y seis años escribir su primer diccionario. Y hay un famoso comentario que uso cuando estudio la Biblia, que al autor le tomó cuarenta años escribirlo.

Entonces el papá añadió:

—Sigue con eso, Jen. Tal vez no termines de escribir todo el informe esta noche, pero recuerda, Dios no hizo el mundo en un día, le tomó una semana entera.

Recuerda

No nos cansemos de hacer el bien, porque a su debido tiempo cosecharemos si no nos damos por vencidos.
Gálatas 6:9

TODO LO QUE ES DE CALIDAD TOMA SU TIEMPO.

¡Tú puedes hacerlo!

Aunque tus pasos sean pequeños o tu progreso lento, continúa avanzando y pronto alcanzarás tu meta.

Campaña estratégica

Que todo lo que digas sea verdad.

A Darla no le gustaba lo que estaba escuchado decir a su «comité de campaña», sus tres mejores amigas Kent, Mindy y H.R.

—Ella está divulgando mentiras acerca de ti, Dar —dijo Kent.

—¿Como qué? —dijo Darla.

—Como decir que copiaste tus pruebas de inglés de Internet —dijo Kent.

—Y... que tú y tu familia son parte de un grupo radical que tienen escondido gran cantidad de armamento en tu sótano —añadió H.R.

—Me gusta el rumor que dice que tú y Matt se estaban besando en el estacionamiento de la escuela durante el partido de fútbol —se rió Mindy.

—Las personas que me conocen saben que esas cosas no son verdad —exclamó Darla.

—Ese es el punto —dijo Kent—. No TODAS las niñas te conocen, y aquellas que no te conocen no saben que lo que está diciendo Priscila no es verdad. Tenemos que pelear fuego con fuego.

—¿Qué piensan que debería hacer? —preguntó Darla.

—Podemos empezar diciéndole a la gente que Priscila es bulímica —sugirió Mindy—, ella es realmente muy delgada.

—Súper —dijo Kent—. Y podemos decir que es probable que se tenga que mudar y que no va a estar aquí el año que viene para ser dirigente estudiantil. Su papá trabaja en una compañía que está despidiendo a muchos empleados.

—No —dijo Darla—. No voy a pelear fuego con fuego, voy a pelear fuego con agua, la verdad. Le voy a preguntar durante el debate si tiene algo que ver con las mentiras que se dijeron de mí y ver qué dice. Aun si dice que no tuvo nada que ver con las mentiras, le diré: "Estoy muy contenta de oír eso, porque tú sabes que esas cosas acerca de mí no son verdad. Una de las cosas más importantes para ser dirigente estudiantil es ser sincero". No voy a mentir para ganar. Voy a decir la verdad y ganar.

Recuerda

El que quiera amar la vida y pasar días felices, guarde su lengua del mal y sus labios de proferir engaños.
1 Pedro 3:10

LA VERDAD SIEMPRE SALE A LA LUZ.

¡Tú puedes hacerlo!

No importa qué mentiras digan de ti, Dios conoce la verdad, y a su tiempo, Él hará que otras personas la conozcan también.

Todavía mejor

Tú puedes hacer lo que debes hacer, y algunas
veces puedes hacerlo incluso mejor
de lo que crees que puedes.

Nicole pensó que la materia «economía doméstica» era la idea más tonta que había oído. Su mamá la había anotado en algo llamado «curso de ama de casa» en la escuela de verano, le había dicho que era un curso que ella tomó cuando tenía la edad de Nicole.

Al principio, a Nicole le gustó la clase. Aprendió a hornear pan y a poner la mesa para una cena elegante. Ahora estaban cosiendo. Y entre todas las cosas, ¡la maestra le había mandado hacer un delantal!

—Ya nadie usa delantales —le dijo Nicole a su madre mientras pinchaba el molde a la tela que había elegido.

—Bueno, tal vez podrías usar este —dijo su madre —. Y aun si no lo usas, se pueden aprender muchas cosas haciendo un delantal.

Nicole descubrió que le gustaba usar la máquina de coser.

—Tengo una idea —dijo la madre cuando Nicole estaba terminando—. Veamos si podemos hacer un mejor delantal todavía. Dios siempre quiere que hagamos las cosas lo mejor que podamos, no solo hacerlas bien.

—¿Cómo? —preguntó Nicole—. Todas estamos usando el mismo molde, y solo hay tres tipos de telas para elegir.

La madre le entregó un pañito de cocina.

—Hagamos tres ojales en este pañito y cosamos tres botones en el cinto de tu delantal.

—¡Qué buena idea! —dijo Nicole—. De esta forma no hay que andar buscando el pañito, siempre estará a mano.

Cuando estaba terminando, Nicole le dijo a su mamá:

—Sabes, después de todo, yo podría usar este delantal.

Recuerda

Todo lo que te viniere a la mano para hacer,
hazlo según tus fuerzas.
Eclesiastés 9:10, RV-60

SIEMPRE HAZ LO MEJOR QUE PUEDAS.

¡Tú puedes hacerlo!

Busca la forma de hacer algo extra, ir un poco más lejos o de dar un poco más. Lo poco que puedas agregar a tu esfuerzo puede ser la diferencia entre bien y excelente.

El intercambio

Comparado con la amistad, el oro es barro.

Dawn no podía creer que el Sr. Johnson la hubiera puesto con Ginger. Apenas conocía a Ginger, sabía que era tranquila, que no se vestía muy bien y que tenía demasiadas pecas para ser bonita. Y para completarlo todo, este experimento en particular era... ¡asqueroso! (la primera palabra que le vino a la mente). ¡Tenían que sujetar una rana! El maestro dijo algo con relación a comprender más acerca de la creación de Dios, pero Dawn no podía comprender cómo lo haría en la próxima hora.

Para sorpresa de Dawn, Ginger tomó el frasco donde reposaba sentada la rana y la levantó.

—Vivo en una granja —le dijo a Dawn—. Y tengo dos hermanos. Tenían la costumbre de desafiarme siempre para ver si me atrevía a tocar las ranas.

—Parece que perdieron el desafío —dijo Dawn.

—En realidad —dijo Ginger—, los vencí un par de veces en concursos de salto de ranas.

Ginger siguió contándole cómo eran esos concursos, parecían divertidos. Al final Dawn se llenó de valor para sostener la rana, y estaba muy agradecida cuando Ginger le dijo:

—¡Buen trabajo!

Cuando llegó el momento de dibujar, Dawn descubrió que Ginger era una artista. Cuando Ginger dijo:

—Escribir, en realidad no es lo mío.

—Pero es lo mío —dijo Dawn con rapidez.

Durante la hora siguiente las dos niñas charlaron y se rieron sin parar. Cuando terminó la hora, el maestro dijo que el dibujo y la descripción de ellas eran de los mejores de la clase.

—Puedes ser mi compañera de equipo de laboratorio cuando quieras —dijo Dawn.

Ginger sonrió y contestó:

—Me gustaría mucho.

Recuerda

El hierro se afila con el hierro, y el hombre
en el trato con el hombre.
Proverbios 27:17

PUEDES APRENDER ALGO DE TODOS.

Nunca subestimes la posibilidad de que una persona se convierta en tu amiga. Planta una semilla de amistad, Dios podría hacerla crecer.

La marca

No pierdas tiempo discutiendo sobre cómo debería
ser un buen hombre. Sé uno.

Los Thompson estaban viajando a la casa de unos parientes para asistir a una gran reunión familiar por el Día de Acción de Gracias cuando pararon a tomar un poco de aire fresco, unas botellas de agua de la nevera portátil del maletero y «estirar las piernas», como dijo el papá.

La parada de descanso estaba al lado de un antiguo cementerio.

—Mira las lápidas —dijo Rosemarie—, son realmente grandes y están talladas y decoradas.

—Mira aquella —dijo Norm—. Tiene un gran ángel encima.

—Tal vez sea el área del cementerio para niños —dijo la mamá.

—¿Cómo te das cuenta? —preguntó Norm.

—Porque las tumbas están muy cerca unas de otras —dijo la mamá.

—¿Podemos ir a ver? —preguntó Rosemarie.

—Seguro —dijo la mamá—, caminaré con ustedes mientras papá arregla algunas cosas en el maletero del auto.

Los niños descubrieron que la lápida con el ángel marcaba la tumba de una niñita que murió cuando tenía solo seis años. Norm leyó en voz alta el nombre de la niña y los datos de su vida en la lápida de mármol blanco. Después, Rosemarie leyó en voz alta estas palabras talladas en la piedra:

«Una niña de quien sus compañeros de juego dijeron: "Era más fácil ser buenos cuando ella estaba con nosotros"».

En realidad, no había mucho más que decir. La mamá y Rosemarie iban tomadas de las manos mientras caminaban hacia el auto. Hasta Norm estaba callado.

—Puede que solo fuera una niñita —dijo la mamá—, pero hizo que su vida tuviera en verdad importancia. Influyó en las personas para siempre.

—Sé que ha influido en mí —dijo Rosemarie.

—También sobre mí —agregó Norm con suavidad.

Recuerda

El fruto del Espíritu es [...] bondad.
Gálatas 5:22

LAS PERSONAS RECUERDAN EL BIEN QUE HACES.

Si quieres que otras personas se sientan bien contigo, ten buenos pensamientos de ti, di cosas buenas acerca de ti y hazte el bien... ¡sé buena!

La clase de tenis

El valor está muerto de miedo
y ensillado de todos modos.

—Apúrate un poco —le dijo la mamá a Donita—. No olvides traer tu raqueta.

Donita no tenía ganas de apurarse. No tenía ganas de ir a la cancha de tenis.

—Estás actuando como si no estuvieras entusiasmada con el primer día de las clases de tenis —dijo la mamá—. Te encantaban las clases de tenis el año pasado.

—Eso fue el año pasado —dijo Donita.

—¿Y qué es tan diferente este año? —preguntó la mamá.

—Este año, las niñas y los niños juegan los dobles juntos.

—Está bien —dijo la mamá—. Eso me parece más divertido todavía. Eras una de las mejores jugadoras el año pasado, tanto en simples como en dobles. Va a ser divertido aprender a jugar dobles con los muchachos.

—No estoy segura —dijo Donita—, le pegan a la pelota con mucha fuerza.

—Tres cosas —dijo la mamá—. Primero, creo que vas a descubrir que eres mejor jugadora que algunos de los niños. Segundo, sabes ponerte en la posición adecuada para pegarle a la pelota y eso es lo más importante en los dobles de tenis. No importa tanto la fuerza con que le pegas a la pelota sino dónde y cuándo le pegas.

Donita no había pensado en eso, pero parecía cierto. En realidad, le parecía escuchar al profesor de tenis diciendo las mismas cosas el año pasado.

—¿Y qué es lo tercero? —preguntó.

—Lo tercero es que Jesús va a ayudarte en esto si se lo pides. Aprender a jugar al tenis es algo bueno. Jesús siempre nos ayuda a aprender a hacer cosas buenas cuando confiamos en que nos ayuda.

—Mejor que nos apuremos —dijo Donita—. Quiero llegar un poco antes para hacer calentamiento.

Recuerda

Sean valientes y fuertes.
1 Corintios 16:13

JESÚS NUNCA DEJA DE AYUDARNOS.

Nunca sabes lo bueno que puedes ser en algo hasta que lo intentas. Sé valiente e inténtalo con ahínco.

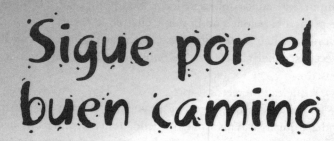

Sigue por el buen camino

La crítica es fácil; el éxito es más difícil.

—Estoy harta de las críticas de Raylynn —dijo Kara—. Siempre me está diciendo que soy tonta. Ahora, algunas otras niñas están comenzando a decir lo mismo. No creo que pueda soportarlo más. Voy a tener que decírselo.

—¿Por qué te critican? —dijo la mamá.

—Me llaman Señorita Santurrona y dicen que soy estúpida por ir a la iglesia o creer en Dios. Se burlan de mí por orar antes de comer y por irme cuando cuentan chistes sucios.

La mamá escuchó pacientemente y después le dijo:

—¿Puedo contarte una pequeña historia que podría ayudarte?

—Seguro —dijo Kara.

—Cierta vez, escuché esta historia de un violinista famoso —dijo la mamá—. Un crítico de música de un periódico de la ciudad de Nueva York había sido muy duro con él. Los críticos tienden a copiar las críticas, tú sabes.

—¿Y qué le pasó? —preguntó Kara.

—El editor del periódico de Nueva York le ofreció al violinista un espacio en el periódico para contestarle al crítico. El violinista dijo:

"Mi música y el hecho de que el público venga a mis conciertos son mi mejor defensa".

La mamá continuó:

—Yo creo, Kara, que si guardas silencio y continúas haciendo lo que haces, las críticas se detendrán a la larga. Hacer algo bueno siempre es un acto más poderoso que criticar.

Recuerda

Y añadió Moisés: [...] ¡Ustedes no están murmurando contra nosotros sino contra el Señor!
Éxodo 16:8

LA OPINIÓN DE DIOS ES LA QUE CUENTA.

¡TÚ puedes hacerlo!

Es fácil criticar a otra persona. Es difícil hacer lo que es bueno, halagar a otros y ser amable con tus críticos. Niégate a tomar la salida fácil.

Las tarjetas de felicitación del Pepinillo Verde

A los que están dispuestos a hacer un esfuerzo, les aguardan grandes milagros y tesoros maravillosos.

La clase de gimnasia no era lo suyo. Brooke era siempre la última en ser elegida para formar equipo. No le interesaba golpear una pelota ni tirar al arco. No tenía sentido para ella. Ni siquiera tenía sentido ganar o perder. No importaba, eran solo juegos.

Brooke simplemente no tenía interés en los deportes. El arte era su clase favorita. Allí era donde tenía talento, ¡y muchísimo! Sabía que si hubiera algo así como un equipo de arte, sería la primera en ser elegida, ¡no la última!

Ella pensó: *Bueno, ¿y por qué no?* Solo porque no se había hecho antes, no quería decir que no pudiera hacerse. Brooke tenía una idea... y tal vez, solo tal vez, podría resultar.

La idea de Brooke era hacer y vender tarjetas de felicitación. Su clase de arte podría proveer arte. De todas formas, cada niño podría hacer las tarjetas como quisiera, por computación, con acuarelas, en forma de collage, con óleos e incluso de arte con botones. Las posibilidades no tenían fin.

Hartley, el amigo de Brooke, era muy bueno en español y muy creativo con la escritura. Ella le pidió que se uniera a su equipo.

—Hartley, tengo esta idea. ¡Tiene que resultar! ¡Sé que dará resultado! —y le explicó su plan—. Necesitamos algunas felicitaciones impresionantes, tú serías buenísimo redactándolas. ¿Conoces a alguien que pueda ayudarte?

Hartley se embarcó en el asunto de inmediato.

—Tengo una amiga que sería muy buena para organizar el grupo para armar los sobres.

También necesitarían un equipo de ventas. Por lo cual se pusieron a pensar juntos, ¡y surgió un plan que incluía a todos!

—Llamemos al proyecto Las tarjetas de felicitación del Pepinillo Verde.

—¿Por qué? —preguntó Brooke.

—Cuando la vida te da un pepinillo verde, es el momento de saborearlo —dijo Hartley.

Ustedes son linaje escogido [...] pueblo que pertenece a Dios.
1 Pedro 2:9

INCLUYE A OTROS EN TUS PLANES.

¿Conoces a alguien que se sienta excluida? Invítala a formar parte de tu grupo.

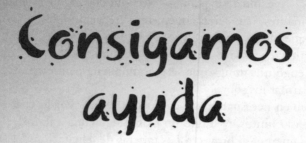

Consigamos ayuda

Quien pregunta puede parecer un tonto durante cinco minutos, pero quien no pregunta será un tonto para siempre.

A Tina le encantaba leer, pero odiaba la clase de matemáticas. Los números y las ecuaciones eran aburridos para ella, y en especial le disgustaban los problemas cuando tenían «X» y «Y».

—¡Nunca entenderé esto! —dijo Tina una noche mientras estaba haciendo su tarea—. ¡Es muy difícil! Y de todas formas, ¿para qué sirve?

—¿En qué estás trabajando? —preguntó el papá.

—En mi tarea de matemáticas. Tengo que hacer toda esta hoja de ejercicios y no los entiendo —dijo Tina dejando caer el lápiz.

—Déjame ver —dijo el papá.

—Somos iguales, querida. Me gusta más la lectura que las matemáticas, pero déjame ver si puedo ayudarte con algo.

El papá miró la hoja llena de «X» e «Y» y signos de igual y dijo:

—Necesitamos ayuda. ¿Sabes qué es lo primero que necesitas hacer cuando no entiendes algo?

—No, ¿qué? —preguntó Tina.

—Necesitas preguntarle a alguien que sepa —dijo el papá.

—¿Y sabes qué es lo segundo que tienes que hacer?

—No —dijo Tina.

—Lo segundo que necesitas hacer es continuar preguntando hasta que encuentres a alguien que lo sepa y que pueda explicártelo de tal forma que lo puedas entender. Eso no resulta solo con matemáticas, sino con muchísimas cosas en la vida también.

—Entonces, ¿a quién conocemos? —dijo Tina.

El papá tomó el teléfono.

—Llamaré a Jerry. Él es un verdadero experto en matemáticas en mi compañía. Voy a ver si podemos visitarlo.

—¿Y qué pasa si Jerry no puede ayudarnos? —dijo Tina.

El papá sonrió y contestó:

—Entonces, llamaré a Darren... y si él no puede ayudar, llamaré a John...

Recuerda

La sabiduría es lo primero. ¡Adquiere sabiduría!
Por sobre todas las cosas, adquiere discernimiento.
Proverbios 4:7

DIOS CONOCE TODAS LAS RESPUESTAS.

¡Tú puedes hacerlo!

Si no sabes la respuesta a una pregunta o la solución a un problema, continúa preguntando hasta que encuentres la mejor respuesta. Así se han hecho los grandes descubrimientos.

Hermosa y con audacia

Encomiendo mi alma en las manos de Dios, mi Creador,
con esperanza y creyendo sin dudar, solo mediante
los méritos de Jesucristo, mi Salvador,
para ser partícipe de la vida eterna.

Charlene estaba mirando la elección de Miss Estados Unidos con su madre.

—Todas esas mujeres son tan hermosas y talentosas. Creo que cualquiera de ellas podría ser una grandiosa Miss Estados Unidos —dijo.

—Sí —contestó la mamá—, pero la belleza exterior es mejor si va acompañada de belleza interior.

—¿Pero, cómo se puede saber si una mujer es bella en su interior? —preguntó Charlene.

—No siempre puedes... al menos al principio —contestó la mamá—. Recuerdo un concurso de Miss Estados Unidos cuando yo tenía más o menos tu edad. Había una mujer hermosa de Arizona llamada Vonda Kay Van Dike. Llegó a las finales y, en esos días, el maestro de ceremonia, un hombre llamado Bert Parks, les hizo una pregunta a las cinco finalistas. El Sr. Parks le preguntó: "¿Llevas una

Biblia como un amuleto de buena suerte?". Al parecer, la gente había descubierto que Vonda Kay tenía una Biblia y que a menudo la llevaba consigo. La gente también había descubierto que ella era maestra de una Escuela Dominical. Vonda Kay le dijo a Sr. Parks y a los que veíamos televisión por todos los Estados Unidos: "Esto no es un amuleto; es el libro más importante que poseo". Y entonces añadió: "No clasificaría a mi relación con Jesús como una religión, más bien como fe. Yo confío en Él por completo".

—¡Vaya! —dijo Charlene—. ¡Eso fue bastante audaz! ¿Y ganó?

—¡Ganó! —dijo mamá—. Fue Miss Estados Unidos 1965.

Recuerda

A la verdad, no me avergüenzo del evangelio,
pes es poder de Dios para la salvación
de todos los que creen.
Romanos 1:16

TÚ CONOCES A JESÚS, AHORA DÍSELO A OTROS.

¡Tú puedes hacerlo!

Nunca sabes cuando tus palabras pueden empujar a una persona a aceptar a Jesús como su Salvador. Sé audaz para testificarle a la gente de Cristo.

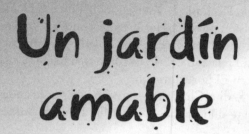

Un jardín amable

Uno de los mayores placeres de la vida es hacer algo bueno en secreto y que lo descubran por accidente.

—¿Qué estás dibujando, Tracy? —preguntó Lexie.

Tracy, de cinco años, parecía muy ocupada pintando. Tenía docenas de lápices de colores esparcidos alrededor de una gran hoja de papel.

—Estoy dibujando mi poema favorito —dijo Tracy.

Lexie sonrió, le gustaba mucho la forma en que su hermanita decía poema, sonaba como «puema».

—¿Cuál es ese poema? —preguntó Lexie pensando que Tracy le recitaría un poema para niños.

—Es uno que la tía Sharon nos leyó acerca del jardín —dijo Tracy. Dejó de pintar para alcanzarle a Lexie un libro de poesías para niños. Entonces, abrió el libro y señaló un poema que tenía el dibujo de un jardín. La puerta del jardín tenía la forma de un corazón gigante.

—Léemelo —dijo Tracy.

—Seguro —dijo Lexie, y comenzó a leer en voz alta este pequeño poema de Longfellow:

Los corazones amables son los jardines,
Los pensamientos amables son las raíces,
Las palabras amables son las flores,
Las acciones amables son los frutos.
Cuida tu jardín,
Y límpialo de malas hierbas;
Llénalo de sol,
Palabras amables y acciones amables.

—Este es un gran poema, Tracy. Puedo entender por qué te gusta —dijo Lexie, y miró con detenimiento el trabajo de arte que hacía Tracy. Había puesto un corazón en el centro de cada flor que había dibujado.

—Esto está muy bien —dijo Lexie—, si las palabras amables son las flores, todas tus palabras tienen amor en ellas.

—¡Así es! —dijo Tracy—. Y yo estoy haciendo este dibujo para ti.

El fruto del Espíritu es [...] amabilidad.
Gálatas 5:22

LA AMABILIDAD SIEMPRE HACE EL BIEN.

Uno de los mejores hábitos que puedes desarrollar es el de la amabilidad, tener pensamientos amables, decir palabras amables y hacer cosas amables. Practica la amabilidad hoy.

El cumpleaños más dulce

Un acto amable enseña más sobre el amor de Dios que mil sermones.

Shelly vertió con mucho cuidado el azúcar en la taza medidora y la agregó a la mezcla. Mientras su hermana mayor miraba, mezcló el azúcar, la mantequilla, la ralladura de cáscara de limón; le agregó la harina, sal y polvo de hornear y terminó agregando la leche y el jugo de limón.

—¡Esta torta va a estar muy buena! —sonrió Shelly.

Casi siempre su mamá la ayudaba, pero hoy había decidido que Shelly estaba lista para trabajar sola, hornear una torta ella sola, solo con Ellen mirando.

Cuando la torta salió del horno, ¡estaba perfecta! Shelly la dejó enfriar antes de hacerle el glaseado de limón. Le puso las velas y fue con Ellen hasta una casa en su misma cuadra, donde vivía la Sra. Carson.

—¡Feliz cumpleaños! —dijeron al unísono Shelly y Ellen cuando la anciana señora abrió la puerta de la calle.

La Sra. Carson estaba sorprendida de ver a las dos niñas con la torta de cumpleaños.

—¡Es de limón, su favorita! —dijo Shelly, mientras ella y Ellen seguían a la Sra. Carson hasta la cocina.

Ellen prendió las velas y las dos hermanas cantaron el «Feliz cumpleaños». Mientras las tres comían torta y tomaban grandes vasos de leche, la Sra. Carson dijo:

—¡No puedo creer que hayan recordado mi cumpleaños y mi torta favorita! Cuando mi esposo murió, hace tres meses, no pensé que querría festejar mi cumpleaños este año; pero ustedes dos han hecho que me dé cuenta de que hay un montón de razones para celebrar un nuevo año de vida.

—Me alegra que usted se sienta de esa manera —dijo Shelly, tomando otra porción de torta—. Ahora que mi mamá me deja hornear sola, tengo muchas recetas que quiero probar.

—Tal vez podríamos hornear juntas —dijo la Sra. Carson—. Es lindo tener compañía.

Recuerda

Tres cosas hay que son permanentes: la fe, la esperanza y el amor,
pero la más importante de las tres es el amor.
1 Corintios 13:13, DHH

AMA A TU PRÓJIMO.

¡Tú puedes hacerlo!

Echa una mirada en tu vecindario. ¿Ves alguna persona que está sola y apreciaría una visita? Pasa algo de tu tiempo con personas a las que puedas alegrar.

Diferentes dones

Recuerda tus posibilidades. Olvida tus limitaciones.

El sonido que salía del violín se escuchaba como si el pobre instrumento estuviera chillando por ayuda. Hasta el violín de la maestra de Rosa parecía un poquito impresionado por todos esos chillidos y crujidos que hacía Rosa.

No era música.

—Es suficiente por hoy —dijo la Srta. Temple de forma brillante—. Asegúrate de practicar.

Rosa estuvo desanimada durante la cena. Estaba sentada en su cama llorando cuando su papá golpeó con suavidad la puerta.

—¿Rosa? —dijo él entreabriendo la puerta—. ¿Puedo pasar?

—S-sí —sollozó Rosa.

Pronto el papá estaba sentado a su lado pasándole el brazo sobre sus hombros.

—Yo no puedo hacer esto —se quejó Rosa—. ¡Odio el violín! He estado tomando lecciones por casi dos años, y todavía no soy buena.

—Tal vez no sea tu talento —dijo el papá.

—¿Q-qué quieres decir? —hipó Rosa.

—Dios nos da a todos diferentes talentos. Algunos pueden cantar muy bien, o escribir, o dar discursos, pero no todos somos excelentes en todo.

—Yo puedo cantar —dijo Rosa—. A veces el director del coro de la iglesia me pide que cante un solo.

—Ahí tienes —dijo el papá.

—Sí, pero todavía quiero tocar algún instrumento —dijo Rosa—. Mi amiga Jazmín me enseñó algunos acordes en el piano, y lo hice muy bien.

—Algunas veces —dijo el papá—, podemos mejorar en algo si trabajamos mucho en eso. Pero hay ocasiones en que toda la práctica del mundo no ayuda.

—Como el violín y yo —sonrió Rosa con tristeza.

—Así lo creo —dijo el papá—. Me parece que es el momento de cambiar.

Tenemos dones diferentes, según la gracia que se nos ha dado.
Romanos 12:6

DESCUBRE LO QUE HACES MEJOR.

No te desanimes si hay algo que no puedes hacer tan bien como lo hace alguna de tus amigas. ¡Puedes estar segura que Dios te ha dado alguna habilidad en la que eres buena de verdad!

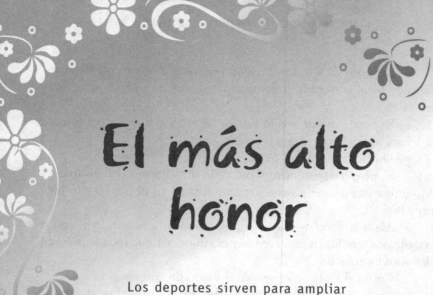

El más alto honor

Los deportes sirven para ampliar
la aventura del hombre.

No faltaba mucho para que comenzara la temporada de baloncesto. Si Abigail no estaba practicando en la escuela, estaba encestando pelotas en casa.

Margie y Abigail eran grandes compinches. Abigail era de baja estatura, pero le encantaba el juego. Margie era la mejor y participaba en todos los juegos. Ambas, Margie y Abigail, estaban en el equipo.

Abigail no conseguía participar en muchos juegos, y sus padres tenían miedo que quisiera darse por vencida.

—Me encanta formar parte del equipo. ¡Ellas son las mejores! —les dijo Abigail a sus padres.

Cuando conseguía jugar, a menudo le lanzaba la pelota a otra jugadora para que ella tirara al aro. Su papá le preguntó por qué no hacía ella misma los tiros.

—Papá, hay otras niñas que tampoco logran jugar mucho, pero pueden encestar mejor que yo. Me encanta el baloncesto, pero no siempre tengo que ser yo la que tire al aro.

Las *Jaguars* tuvieron una temporada de éxitos. Cuando llegó el momento de los premios, todos los padres fueron a la escuela, incluidos los de Abigail. No esperaban que ella ganara algo, pero sabían que quería que estuvieran allí para apoyar al equipo.

Pasaron los premios para el Marcador Más Alto, el Mejor Progreso y el Jugador Más Valioso. Abigail aclamaba a cada una de sus compañeras que ganaba un trofeo.

Entonces el entrenador Hubbard dijo que había un premio más. El premio para la Ética Deportiva. Era un premio nuevo este año, pero los maestros acordaron entregarlo. ¡Y el primer premio a la Ética Deportiva se le entregaba a Abigail Griffin!

Abigail no podía creer lo que escuchaba. Sus compañeras la aclamaban. «¡Abigail! ¡Abigail! ¡Abigail!» Siguieron haciéndolo hasta que llegó a la mesa de premios. Y entonces la ovacionaron de pie.

Abigail pensó: *¡En realidad este es el mejor equipo del mundo!*

Recuerda

El hierro se afila con el hierro,
y el hombre en el trato con el hombre.
Proverbios 27:17

UNA ACTITUD DE GRANDEZA SIEMPRE GANA.

¡Tú puedes hacerlo!

Si no juegas siempre en los partidos o no formas parte del equipo, puedes alentarlos. Todos los equipos necesitan seguidores que los ayuden a ganar.

Tú no estás invitada

Detrás de cada desilusión hay un tesoro.

«¡Va a ser la fiesta la mejor de las fiestas!», exclamó Claire. «La mamá de Todd contrató una banda, habrá tres tipos de tortas diferentes, fuegos artificiales y mucho más. ¡No puedo esperar!»

Nina suspiró. Parecía grandioso. La mamá de Todd era la mejor cuando se trataba de organizar fiestas.

Pasaron varios días antes de que Nina se diera cuenta que la mayoría de sus compañeras habían recibido las invitaciones... y ella no. Durante la cena, apenas tocó su comida y se sentía mal.

—¿Qué pasa? —preguntó la mamá.

—La fiesta de Todd es mañana y no me invitó —murmuró.

—¿Es Todd muy amigo tuyo? —preguntó el papá.

—No, en realidad no lo conozco tanto. Está en algunas de mis clases. Y algunas veces me saluda, pero eso es todo.

—Pero te sientes dejada de lado —dijo la mamá—. Eso es normal. Sé que duele, pero en verdad es más divertido estar con personas que en realidad quieren estar con uno.

—¡Y que de verdad te gustan! —dijo el papá sonriendo.

—¡Como nosotros! —exclamó la mamá saltando para darle un abrazo a su hija—. Mañana en la noche creo que vamos a tener nuestra propia fiesta, solo nosotros tres.

—¿Tendremos torta? —preguntó Nina.

—Por supuesto —dijo la mamá.

—¿De tres tipos diferentes? —preguntó Nina con un destello en sus ojos.

—¡Ahora estás haciendo chistes! —se rió la mamá.

—Pero vamos a poner CD y vamos a cantar y vamos a bailar.

—Por favor, no permitas que papá cante —dijo Nina con una risita. ¡Queremos que esta sea una fiesta divertida!

Recuerda

Muchos de los primeros serán últimos,
y muchos de los últimos serán primeros.
Mateo 19:30

DEBES ESTAR CONTENTA POR LOS QUE TE AMAN.

Aquí en la tierra, quizá no estés en la lista de invitaciones de todas las fiestas, y eso está bien. Cuando aceptas a Jesucristo como tu Salvador personal, tienes la mejor invitación que recibirás jamás.

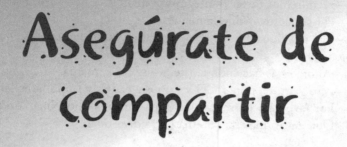

Asegúrate de compartir

La medida de nuestro éxito será la medida de nuestra habilidad para ayudar a los otros.

El vagón del subterráneo estaba repleto de personas cuando lo abordaron Vera y su hermano mayor, Monroe. Tuvieron que permanecer parados mientras el tren hacía varias paradas para que subieran y bajaran los pasajeros.

Al fin se desocuparon dos asientos justo al lado de Vera y su hermano. En el momento en que Vera estaba a punto de desplomarse en uno de ellos, escuchó decir a su hermano:

—Aquí hay dos asientos, siéntense.

Vera vio a una señora embarazada y a un señor de edad. Monroe los estaba ayudando a llegar a los asientos.

—Muchas gracias —dijo la señora, suspirando con alivio mientras se sentaba—. Pensé que iba a viajar parada durante las próximas siete estaciones.

—Gracias, joven —dijo el señor mayor—. Si sus padres estuvieran aquí, les diría que han hecho un buen trabajo con usted.

Monroe sonrió.

—Solo estoy haciendo lo que mi padre hace siempre —dijo—, y mi madre me enseñó que necesitamos ayudarnos los unos a los otros.

Vera se sentía muy orgullosa del corazón generoso de su hermano.

La próxima vez que haya un asiento vacío, y vea a alguien que lo necesite más que yo, voy a hacer lo mismo que Monroe... y papá, pensó. *Voy a sonreír y decir: «Aquí hay un asiento para usted». Y tal vez haya otras cosas que pueda hacer para ser amable con las personas, como ayudar a nuestros vecinos con las bolsas de las compras.*

El vagón del subterráneo se sacudió un poco. Monroe puso su mano sobre el hombro de Vera y le dio un apretoncito.

—Sostente, hermanita —le dijo—. No falta mucho. Ya casi llegamos a casa.

Recuerda

Siempre que tengamos la oportunidad,
hagamos bien a todos.
Gálatas 6:10

HAZ LUGAR PARA OTROS.

Jesucristo es el mejor ejemplo de generosidad que tenemos. Él entregó todo, hasta su propia vida, por nosotros. Hay muchísimas cosas que todos los días podemos hacer por los demás.

¡Las apariencias son solo eso!

Desde entonces, en la naturaleza de las cosas, [el lobezno] poseería una permanente desconfianza por las apariencias. Tendría que aprender la realidad de una cosa antes de que pudiera poner su fe en ella.

Collyn y Shelby estaban en la misma clase. Collyn admiraba a Shelby. Siempre tenía las mejores calificaciones en la escuela. Podía leer sin que se le escapara ninguna palabra. Sus pruebas de matemáticas estaban siempre perfectas. Y además... ¡era bonita!

Collyn deseaba ser tan lista como Shelby, entonces la vida sería perfecta. Collyn no era una gran estudiante. Detestaba leer en voz alta o hablar delante de la clase.

En un día lluvioso al final del semestre, Collyn y Shelby estaban afuera esperando el autobús. Llevaban su boletín de calificaciones y Shelby parecía asustada. Collyn no podía imaginarse lo que podría estar mal.

—Shelby, ¿estás bien? No pareces sentirte bien —dijo Collyn.

—Ah, estaré bien... creo —contestó.

—No estoy muy segura —continuó Collyn.

—Bueno, son mis notas. Tengo una C en geografía —admitió Shelby al fin.

—¡Vaya! Siempre sacas A. Yo siempre saco C y me da mucho trabajo aprender cómo se deletrean los nombres de todos esos países. Pero tú eres muy lista. Creo que es natural que tengas buenas notas —dijo Collyn.

—¡Ojalá! —dijo Shelby—. Mi papá no me deja hacer nada hasta que no termino mi tarea. También tengo que estudiar para adelantar el tema siguiente. Yo he estado estudiando, pero él se va a enojar igual, creo que necesito un tutor, pero no sé si podemos pagarlo.

—Shelby, lo siento, yo solo pensé...

—Está bien. Todos creen que mis notas vienen con facilidad. Me imagino que sea porque trato de no quejarme. Solo estaba desilusionada con mi nota. Hasta luego —la saludó y se subió al autobús.

Me imagino que no todo es siempre como uno lo ve, pensó Collyn.

Recuerda

Den gracias al Señor, porque él es bueno;
su gran amor perdura para siempre.
Salmo 107:1

LAS COSAS NO SIEMPRE SON LO QUE PARECEN.

¡Tú puedes hacerlo!

Da gracias al Señor por hacerte como eres. Él te ha hecho con exactitud de acuerdo a su perfecto plan.

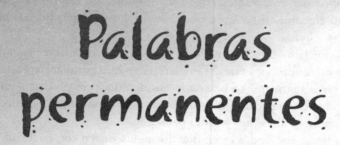

Palabras permanentes

El enojo en sí mismo hace más daño que el hecho que causó el enojo.

Janelle no podía creer que había tenido que dejar su hermoso dormitorio cuando su tía Ida había ido a vivir con ellos. Ahora su hermanita la molestaba mientras estudiaba, y ella no podía evitar gritarle. Su hermanita le contestaba gritando también.

La tía Ida abrió la puerta y dio unas palmadas:

—¡Niñas! ¡Niñas! ¡Quietas!

El enojo de Janelle creció y su voz se elevó aun más.

—Bueno, entonces vete a donde haya más tranquilidad. Esta es nuestra casa y gritaremos si así lo queremos. Además, si yo tuviera mi dormitorio, no estaríamos gritándonos.

Atónita, la tía Ida se dio vuelta y salió de la habitación, cerrando la puerta detrás de ella. La puerta se abrió solo unos segundos más tarde y entró la madre de Janelle.

—Janelle —dijo su madre—, ya te he dicho muchas veces que el enojo lastima a muchas personas, incluyendo al enojado. Tú no sabes que cuando hace un mes murió el esposo de la tía Ida, la dejó sin dinero y con montañas de facturas por pagar. Ella no tenía a dónde ir. Ahora las dos, ella y tú, deben vivir con las palabras de enojo que dijiste.

—¡Pero yo en realidad no quise decir eso! —Janelle comenzó a llorar—. Yo no quería lastimarla.

—Pero lo hiciste y no puedes volver atrás. Las palabras que se dicen, verdaderas o no, no se pueden retirar.

—Me disculparé —dijo Janelle.

—Sí, esa es una buena idea. Pero además tendrás que hacer algo para demostrarle que esta es también su casa. Sobre todo, necesitas hablar con Dios para controlar tu temperamento.

Luego, esa tarde, Janelle tocó a la puerta de la tía Ida.

«Vine a disculparme», le dijo, «y... traje flores para tu habitación».

Recuerda

Quien fácilmente se enoja, fácilmente entra en pleito; quien mantiene la calma, mantiene la paz.
Proverbios 15:18, TLA

LAS PALABRAS DE ENOJO HIEREN A TODOS.

¡Tú puedes hacerlo!

Cuando algo te cause enojo, cuenta hasta diez antes de hablar.

El choque

Cuando terminas con tus tareas del día,
ve a dormir en paz. Dios está despierto.

Bridget y su amiga Mary Grace iban sentadas en el asiento trasero del auto de la mamá de Mary Grace charlando sobre lo que había sucedido ese día en la escuela.

—Fue tan gracioso cuando Bart derramó esa pintura sobre la tela en la clase de dibujo y la Sra. Johnson dijo que parecía una gran obra de arte —dijo Bridget, recordando cómo se rieron todos.

—Sí —dijo Mary Grace con una risita—, ¡y lo más gracioso fue que Bart estuvo de acuerdo! Él dijo...

¡PUM! La conversación se interrumpió de forma repentina cuando el auto chocó con otro que pasó con luz roja la intersección.

—¿Están bien niñas? —preguntó la mamá de Mary Grace preocupada, dándose vuelta para mirar el asiento trasero.

Bridget y Mary Grace estaban conmocionadas, pero no estaban lastimadas.

—No se preocupen —dijo la mamá—, todo va a estar bien.

Llegó la policía, los conductores intercambiaron los datos para el seguro y la mamá de Mary Grace llevó a Bridget a su casa. Sus padres estaban disgustados por el accidente, pero estaban agradecidos porque su hija no se había lastimado.

—Tenía puesto mi cinturón de seguridad —dijo Bridget—. Me dijiste que lo usara siempre. Es raro, pero me sentí tranquila todo el tiempo.

—¿Qué quieres decir? —preguntó su madre.

—¿Recuerdas que tú dices que Dios siempre nos está mirando? —explicó Bridget—. Yo sentía que Dios estaba ahí, justo en el auto, fue una sensación genial.

El papá de Bridget sonrió y abrazó fuerte a su hija.

—Es un alivio saber que cuando ni mamá ni yo podemos estar contigo, Dios hace su trabajo.

—Seguro que sí —dijo Bridget—. ¡Él es grandioso!

Recuerda

Jamás duerme ni se adormece.
Salmo 121:4

DESCANSA, LOS OJOS DE DIOS SIEMPRE ESTÁN ABIERTOS.

¡Tú puedes hacerlo!

No importa cuánto tratemos de ser cuidadosos, los accidentes pueden ocurrir. Es un alivio saber que Dios está siempre con nosotros y sabe lo que sucede. Nosotros no tenemos que preocuparnos.

El pañuelo

Nuestros prejuicios son nuestros ladrones,
nos roban cosas valiosas de la vida.

Shiva y su mejor amiga, Ashanti, fueron de compras con sus mamás, que también eran buenas amigas. Las cuatro «chicas» hacían esta excursión de compras a una gran ciudad, a dos horas de sus casas, todos los años antes de que comenzaran las clases, así Shiva y Ashanti podían empezar las clases a la moda.

Era un día de calor abrasador cuando subieron al auto para dejar el centro comercial. De pronto, Shiva gritó:

—¡Miren! —y señaló a una mujer que iba cruzando el ardiente pavimento con la cabeza completamente envuelta con un pañuelo y usando un largo abrigo negro que le llegaba hasta los pies—. Es tonto usar eso en un día como hoy.

—Ah —dijo Ashanti—. Es una de esas personas que volaron los edificios en la ciudad de Nueva York. Eso es un disfraz para las bombas. Esas personas dan miedo.

Las mamás de Shiva y Ashanti no podían creer lo que oían, e impresionadas se dieron vuelta hacia sus hijas que estaban en el asiento de atrás.

—¡Shiva! ¡Ashanti! —dijo la mamá de Shiva—. Esa niña podría

haber nacido y crecido en Iowa. Lo único que nos muestra su vestimenta es que es miembro de una religión que no ha aceptado a nuestro Salvador. Y tenerle miedo y decir cosas que quizá no sean verdad no la ayudará a que vea a Jesús en ustedes.

Las niñas miraron hacia otro lado.

Entonces, la mamá de Ashanti continuó:

—Ashanti, como afroamericana, tú debieras saber mejor que nadie lo injusto que es el prejuicio.

—Tienes razón, mamá —dijo Ashanti mientras Shiva asentía—. Hay personas, malas y buenas, de cualquier color y con cualquier ropa.

—Y me parece que ahora Ashanti y yo nos estamos comportando como malas personas, ¿no? —agregó Shiva.

Ni aun en tu pensamiento digas mal.
Eclesiastés 10:20, RV-60

LOS PREJUICIOS DEJAN AL DESCUBIERTO EL CORAZÓN.

No decidas lo que piensas de una persona hasta que la hayas conocido bien... y espera que ella haga lo mismo contigo.

La toalla de más

La persona que pierde su conciencia
no tiene nada más de valor para guardar.

—Marta, ¿de dónde salió esta toalla?

Marta levantó su mirada mientras desempacaba su mochila. La familia acababa de regresar de dos semanas de vacaciones y a Marta le agradaba volver a poner todas sus cosas en su lugar. La mamá la estaba ayudando a desempacar la maleta que compartieron ella y su hermanito.

—Ah, es del hotel de la playa —dijo Marta.

—¿Trajiste una toalla del hotel? —preguntó la mamá.

—La quería de recuerdo —dijo Marta.

—Los recuerdos son una cosa —dijo la mamá—, pero una toalla es otra cosa. No es un recuerdo.

—Pero si nos llevamos las botellitas de champú y los jaboncitos —dijo Marta.

—Sí —dijo la mamá—. Esas cosas son para que los huéspedes las usen y se las lleven. Pero las toallas no.

—¿Y cuál es la diferencia? —preguntó Marta.

—Los jabones y el champú son artículos de consumo —dijo la mamá.

—¿De consumo?

—Sí —dijo la mamá—. Artículos de consumo son aquellos que se gastan, como la comida y los refrescos. Tú no dejarías medio sándwich ni media botella de refresco para la próxima persona que ocupe una habitación de hotel, y de la misma manera, no dejas media botella de champú o un jabón usado. Pero una toalla es algo que se puede lavar y usar de nuevo por otras personas. ¡No es para que nos la llevemos! Es como las sábanas o las colchas.

—Bueno, entonces, ¿qué hago? —dijo Marta—. Yo no quise robarla, pensé que podía tomarla.

—Vamos a devolverla con una nota que diga que nosotras lo lamentamos —dijo la mamá. Marta, sabía que en este caso, "nosotras" quería decir "Marta".

—Haría bien en comenzar a escribir —dijo Marta.

Si encuentras un toro o un asno perdido, devuélvelo,
aunque sea de tu enemigo.
Éxodo 23:4

SI DUDAS, DÉJALO.

Si encuentras que por error tomaste algo que no te pertenece, haz todo lo posible por encontrar a su dueño. Si realmente no sabes lo que debes hacer, pídeles a tus padres o a tu maestra que te ayuden.

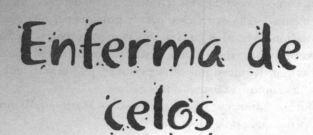

Enferma de celos

Los celos son una ampolla en los talones de la amistad.

—¿Has visto la nueva película de espías? —le preguntó Josie a Bailey.

—Todavía no —dijo Bailey.

—Yo sí —dijo Josie—. Mi papá nos llevó el sábado a verla. Y después fuimos a comer pizza.

—Parece divertido —dijo Bailey deseando que la hubieran invitado.

—¿A que no adivinas a dónde iremos este fin de semana? —preguntó.

—¿Adónde?

—A ese parque de diversiones nuevo que tiene juegos de agua y una montaña rusa gigante. ¡Estoy loca por subirme!

—Sí... —dijo Bailey.

Mientras las niñas dejaban sus bicicletas en el estacionamiento, Bailey notó que Josie no tenía la bicicleta de siempre.

—¿Te gusta mi bicicleta nueva? —preguntó Josie, al darse cuenta que Bailey la miraba—. Es un regalo de cumpleaños anticipado. Mi papá dijo que era una recompensa por sacar una A en Historia.

Bailey se sintió desdichada todo el día pensando en Josie. Esa noche a la hora de cenar, se quejó de la comida.

—¿Por qué no podemos comer pizza? —protestó.

—¡Bailey! —dijo la mamá—. El pollo frito es tu comida favorita.

—Nnno... —dijo Bailey—. Es pizza.

—¿Qué está pasando? —preguntó el papá.

—¡Josie va al cine y come pizza y va al parque de diversiones y tiene una bicicleta nueva! —dijo en un torrente de palabras.

—¿Estás celosa de Josie? —preguntó la mamá.

—Tal vez un poco —admitió Bailey.

—¿Te sientes bien al estar celosa? —preguntó el papá.

—No.

—¿Sabes que la Biblia dice que los celos son como veneno? —preguntó la mamá.

—De seguro que se sienten de ese modo —dijo Bailey.

—Entonces, oremos ahora para pedirle a Dios que te deshagas de ellos —dijo el papá—. De esa forma podrás disfrutar de este riquísimo pollo frito.

Recuerda

Más vale poco con tranquilidad que mucho con fatiga.
Eclesiastés 4:6

CONTÉNTATE CON LO QUE TIENES.

¡Tú puedes hacerlo!

Algunas personas poseen muchas cosas. Hazte las siguientes preguntas: ¿Tengo amor? ¿Tengo una familia que me cuida? ¿Tengo suficiente para comer y vestirme? ¿Tengo buenos amigos? Entonces tienes todas las cosas importantes de verdad.

La bailarina

No se necesita mucha fuerza para mantener el rencor,
se necesita mucha fuerza para olvidarlo.

A Suni le encantaba bailar más que cualquier cosa. Había bailado en espectáculos y por dos años había representado a un ratón en la producción de *La Suite de Cascanueces* del ballet de la ciudad. Todos decían que el año siguiente tendría el papel principal. Sin embargo, el reglamento decía que primero la debían aceptar en la escuela especial de danzas de la compañía de ballet, y a ella le faltaban unos meses para tener la edad necesaria. Aun así, la maestra estuvo de acuerdo en que si nadie en la clase lo objetaba, la podrían autorizar a tomar las clases con las bailarinas mayores.

—Señoritas, para cuando Suni esté en condiciones de formar parte de nuestra clase de danza, será muy tarde para que pueda realizar las pruebas para *El Cascanueces*. Pero si todas ustedes votan que sí, ella podrá ser un miembro de nuestra clase. Levanten sus manos si la aceptan.

Las niñas sabían que Suni tenía talento, y las manos se levantaron como cohetes, excepto una. Al final de la barra estaba parada una niña de cabello rizado que no levantó su mano.

—¡Levanta la mano! — le dijeron varias niñas.

—¡De ninguna manera! Apenas hay lugar para todas nosotras en esta clase. Y, además, ¿quién necesita competencia?

Suni pensó que su corazón se rompería. Tendría que esperar todo un año a fin de pasar la audición para un papel principal.

Al día siguiente en su clase de ciencias, seguía sintiéndose desanimada cuando la maestra la llamó aparte y le dijo:

«Suni, te voy a asignar una nueva compañera de laboratorio. Sé que tú la ayudarás, al menos eso espero. Tú eres su última oportunidad. Si no pasa Ciencias, perderá el año. Está en tu mesa de laboratorio ahora».

Suni se encontró con la bailarina de cabello rizado en su mesa.

«Dios, ayúdame», oró Suni. Nunca había hecho una oración más sincera.

Recuerda

Si tu enemigo tiene hambre, dale de comer; si tiene sed,
dale de beber. Actuando así, harás que se avergüence
de su conducta, y el SEÑOR te lo recompensará.
Proverbios 25:21-22

MUESTRA AMABILIDAD A TODOS.

¡Tú puedes hacerlo!

Trata de hacer las paces con alguien que sientas que te ha hecho algo malo, y tal vez haz algo realmente bueno para esa persona.

Un arma peligrosa

Si crees que lo sabes todo, no has estado escuchando.

Cuando la Sra. Westerman hizo una pregunta sobre la Guerra Civil, Luanne levantó la mano ansiosa.

—¡Robert E. Lee! —exclamó.

—Así es —dijo la maestra—. Fue el jefe del Ejército de Virginia del Norte.

—Al final, lo nombraron comandante de todos los ejércitos del sur —agregó Luanne mirando a sus compañeros para asegurarse que hubieran notado lo inteligente que era.

—Vaya, es una sabelotodo —le murmuró Kari a Ginny—. No la soporto.

—Es inteligente —dijo Ginny.

—Pero no tiene por qué refregarlo —murmuró Kari.

Después de clase, Luanne se acercó a Kari.

—¿Necesitas ayuda con tu tarea? —preguntó con dulzura— Noté que no pudiste contestar esa pregunta sobre Abraham Lincoln.

—No, no necesito tu ayuda —respondió Kari—. Preferiría reprobar.

—Es probable que lo hagas —sonrió Luanne retirándose.

—¿Hay algún problema? —preguntó la Sra. Westerman, al notar una mueca en la cara de Kari.

—Ahora que esa sabelotodo se fue, no hay ningún problema.

—Parece que en realidad Luanne te ha enseñado algo hoy —dijo la maestra.

—¿Ella? ¡De ninguna manera! —protestó Kari.

—¿Puedes decirle a Kari lo que aprendiste, Ginny?

Ginny pensó por un minuto. Y dijo:

—Es una gran cosa ser inteligente, porque puedes tener buenas notas, pero no debes jactarte de eso todo el tiempo.

—Eso es —dijo la Sra. Westerman.

—Deberías seguir el buen ejemplo de Luanne, estudiar mucho y hacer todo lo mejor posible. Pero no uses tu inteligencia como un arma para hacer sentir a los demás que ellos no son tan buenos como tú.

Recuerda

No dejemos que la vanidad nos lleve a irritarnos
y a envidiarnos unos a otros.
Gálatas 5:26

NO SEAS PRESUMIDA.

¡Tú puedes hacerlo!

Si Dios te ha dotado de inteligencia, úsala para hacer su trabajo. Pero no creas que ser lista significa ser mejor que las otras personas. Es un don que Dios te ha dado, sé agradecida.

La buena obra

El placer secreto de un acto generoso es la maravillosa recompensa de las grandes mentes.

Kathy no se quejó para nada cuando su madre le pidió que cortara el césped de su jardín, debido a que su hermano estaba en el campamento. Le encantaba ayudar.

Con las instrucciones y ayuda de su mamá, comenzó a empujar hacia adelante y atrás la pequeña cortadora por el terreno. Era más difícil de lo que había pensado que sería, pero disfrutaba del sol del verano.

Kathy no estaba cansada cuando terminó con el jardín, y no tenía ganas de volver a entrar a la casa. Entonces se dio cuenta que el césped de sus vecinos había crecido mientras estaban unos días afuera. Así que comenzó a cortarlo también.

Comenzó a sentirse cansada antes de terminar, pero no quería dejar su trabajo incompleto. Además, a lo mejor ellos se sentían tan agradecidos que ofrecerían pagarle algo. Entonces tendría suficiente dinero para comprar ese traje de baño que quería.

«Eso estuvo bien», le dijo la mamá cuando ella entró. «Sé que los Smith lo apreciarán». Kathy se preguntaba cuánto.

Varios días después, Kathy escogió un momento tranquilo para preguntar:

—Mamá, ¿por qué los Smith no agradecieron lo que hice? Algunas veces le pagan a alguien para que corte su césped.

—¿Lo hiciste por eso, por dinero? —preguntó la mamá.

—Bueno, al principio no... —la voz de Kathy fue apagándose.

—Querida, cuando tú haces algo por alguien sin esperar nada a cambio, ni siquiera las gracias, obtienes la mayor recompensa de todas.

Justo en ese momento, sonó el teléfono y Kathy contestó.

—Kathy, soy Linda Smith. Jim y yo nos hemos dado cuenta que alguien ha cortado el césped por nosotros. Sospechamos que tú o tu hermano lo han hecho. Queremos agradecerles y decirte que si quieres el trabajo, ¡estás contratada!

Recuerda

«Benditos sean del SEÑOR, porque han mostrado esta bondad».
2 Samuel 2:5, NBLH

TESTIFICAR ES PLANTAR UNA SEMILLA.

¡Tú puedes hacerlo!

Sorprende a alguien con una buena acción todos los días. Es una manera de testificar del amor de Dios.

Talentos escondidos

Dios no les da a las personas talentos que
Él no quiere que las personas usen.

La tía Susan se dirigía al piso de arriba a buscar su cámara foto-gráfica, cuando encontró a su sobrina sentada sola en la escalera.

—¿Qué te pasa Fallon? ¿Por qué no estás en la sala celebrando con toda la familia?

—No creo que yo pertenezca a esta familia —dijo Fallon.

—¿Y por qué no? —preguntó su tía.

—Porque no soy capaz de hacer nada. Michael está en una ban-da, mamá y tú son artistas, y ahora estamos haciendo esta gran fiesta porque Patti ganó el primer premio en el concurso de Miss Junior. ¡No es justo que yo no sea buena en nada!

—¡Pero en realidad lo eres! Tu talento no se puede colgar de una pared ni se puede ser fotografiar ni grabar. Sin embargo, tú eres la úni-ca persona en nuestra familia que tiene un talento de verdad especial.

Fallon la miró intrigada.

—Fallon, no conozco a nadie más organizado que tú. Tú sabes cómo lograr que todos se muevan en la misma dirección, así cada cosa que hacemos juntos sale genial y nos divertimos mucho. Como esta fiesta, por ejemplo, tú la organizaste y te aseguraste que la casa estu-viera lista para los invitados al regresar del concurso. Y el horario para la familia que hiciste y colocaste en el refrigerador, es la única forma que tienen tu hermano y tu hermana de saber cuándo tienen que ir a sus clases y quién los va a ir a recoger. Además de todo esto, tu gran memoria para los números y nombres, y... bueno, de muchas formas tú haces posibles nuestros talentos, porque nos ayudas con aquello en lo que somos débiles.

Fallon nunca había pensado que la organización pudiera ser un talento, pero la tía Susan tenía razón. Si hubiera un concurso de organización, con seguridad lo ganaría. Decidió bajar a la fiesta, después de todo, ¡podría necesitar un poquito de organización!

Recuerda

Tenemos dones diferentes, según la gracia
que se nos ha dado.
Romanos 12:6

HAY MUCHAS CLASES DIFERENTES DE TALENTOS.

¡Tú puedes hacerlo!

Practica los talentos que poseas y aprecia los talentos de quienes te rodean.

La disculpa

Una disculpa sincera sana el corazón.

Mikaila, Ned y tres de sus amigos estaban en los juegos, los cuales estaban justo enfrente de la casa de Mikaila y Ned.

Habían estado jugando a los congelados y habían decidido sentarse a descansar un rato antes de comenzar a jugar a patear la pelota.

Pam una de sus compañeras de clase se acercó con una amiga.

—¿Les pedimos que vengan a jugar a la pelota? —preguntó Ned.

—No —dijo Mikaila—. Pam no es buena jugando a la pelota, en realidad no es buena en ningún deporte.

—Tal vez lo sea su amiga —dijo Jim.

—No parece ser muy atlética —decidió Rachel.

—Y no lleva zapatillas —dijo Otto.

—Sí, ¿y vieron la ropa que usa? —aportó Mikaila con una risita—. No quiero a nadie que se vista así en mi equipo.

Los amigos no se habían dado cuenta de que Pam y su amiga estaban paradas a pocos metros detrás de ellos y habían oído todas sus palabras. La amiga de Pam comenzó a llorar.

—¡Ustedes son muy malos! —les gritó Pam cuando se dieron vuelta para ver quién estaba llorando. Luego pasó su brazo alrededor de los hombros de su amiga y la sacó de allí.

—Vaya, me siento muy mal —suspiró Ned.

—Tú no dijiste nada malvado como nosotros —dijo Otto.

—No, pero tampoco traté de detenerlos —contestó Ned.

—Es mi culpa —dijo Mikaila—. Yo lo comencé.

—Todos somos culpables —dijo Rachel—. Mi mamá se pondría furiosa conmigo si lo supiera.

—Todavía podemos hacer lo bueno —dijo Ned—. Vayamos a disculparnos y a pedirles que jueguen con nosotros.

—¿Y si nos dicen que no? —preguntó Rachel.

—Por lo menos tenemos que tratar de hacer las paces con ellas —dijo Jim.

—¡Ned tiene razón! —dijo Mikaila—. Vayamos y digámosles que no siempre actuamos tan mal como hoy.

Recuerda

Así dice el Señor Todopoderoso, el Dios de Israel:
«Enmienden su conducta y sus acciones».
Jeremías 7:3

LO QUE DICES ES LO QUE OBTIENES.

¡Tú puedes hacerlo!

No es lindo criticar a los otros. Imagínate cómo te sentirías si alguien te criticara a ti. Decir cosas buenas sobre los otros atrae palabras positivas hacia ti.

Chequeo de la realidad

[Para el espectáculo de Miss EE.UU. Adolescente]
yo quería un vestido que no fuera caro para
demostrar que lo importante no es el vestido,
sino lo que está dentro del vestido.

—Ese es un lindo suéter, Courtney. Te queda muy bien. ¿Adónde lo compraste?

—Me lo regaló mi papá. Lo compró en Chicago cuando fue de viaje de negocios —dijo Courtney.

—Se ve fantástico con tu cabello.

—Gracias, Anya, hasta luego.

—Courtney —murmuró Sandi mientras Anya se alejaba—. ¿No es este el suéter que te compró tu mamá en la tienda de reventa?

—Bueno, sí, pero no quería que Anya supiera eso. Ella siempre usa ropa de marcas conocidas.

—Pero eso no tiene importancia, ¿no es cierto? —dijo Sandi.

—Es un lindo suéter. ¿A quién le importa dónde se compró ni lo que dice la etiqueta de adentro? De todas formas, nadie ve la etiqueta.

—Vamos, Sandi —dijo Courtney—. Estamos atrasadas para la clase de gimnasia.

Ella sabía que Sandi tenía razón, pero no lo quería admitir. En voz baja oró: «Señor, ayúdame a decir la verdad. Sé que tú quieres que sea mi corazón lo que vean los otros».

En el vestuario después de clase, Courtney escuchó que una niña le decía a Anya.

—Tienes muy buena ropa, Anya, y toda de marcas conocidas. Debes gastar mucho dinero en ropa.

—Para ser sinceros, no —dijo Anya—. Tengo una prima en Kansas que es un año mayor que yo. Sus padres poseen una tienda de ropa y tiene ropa nueva todos los años. Me envía lo que ya no usa, y entonces siempre estoy a la moda.

—¡Vaya! ¡Qué suerte tienes!

—Bueno, resulta para beneficio de todos. No creo que sea buena idea gastar mucho dinero en ropa, en especial en marcas. No lo valen.

—Tienes razón. La ropa no hace a la persona, lo que está dentro es lo que más importa.

Recuerda

¿Y por qué se preocupan por la ropa? Observen cómo crecen los lirios del campo. No trabajan ni hilan.
Mateo 6:28

LA ROPA NO HACE A LA PERSONA.

¡Tú puedes hacerlo!

Basa tus opiniones sobre los otros por lo que son, no por lo que usan.

Habla de tu fe

La iglesia existe para el bien de los que están fuera de ella.

«Una vez que te conviertes en cristiano», dijo la maestra de la Escuela Dominical, «es muy importante que le cuentes esto a otras personas. La Biblia nos dice que debemos contarles las buenas nuevas a otros».

Evan y Celia, quienes hacía varios meses eran cristianos, les contaron a su familia y amigos que le habían pedido a Jesús que entrara en sus corazones. Sin embargo, dos de sus amigos no se interesaron: Jerry y su hermana, Ruby.

—No queremos que nos hablen de religión. Vayamos a jugar al juego de la herradura.

Evan y Celia no volvieron a mencionar a Dios a Jerry y Ruby, pero se sintieron tristes porque querían a Jerry y Ruby y deseaban asegurarse de que algún día todos se reunieran en el cielo.

Evan decidió ser valiente e invitó a sus dos amigos al picnic de la Escuela Dominical.

—De ninguna manera, nada de iglesia —dijo Jerry.

—Jugaremos a las herraduras —dijo Celia.

—¿Herraduras? —Jerry se animó—. Bueno... tal vez podríamos ir.

Los cuatro amigos fueron juntos y disfrutaron de la comida y los juegos. Al final del día, Ruby dijo:

—No pensaba que "la gente de la iglesia" me agradaría, pero no está tan mal.

—Sí, y nadie trató de forzarme a ser salvo —se rió Jerry.

—Nosotros no hacemos eso —dijo Celia—. Solo te contamos la verdad acerca de Dios y dejamos que tú decidas solo.

—Me parece que eso puedo manejarlo —dijo Jerry—, quizá vaya a esa iglesia de ustedes de tanto en tanto.

—Hazlo —dijo Evan—, nos gusta hablarles de las cosas que amamos a nuestros amigos.

Recuerda

Los que instruyen a las multitudes en el camino de la justicia brillarán como las estrellas por toda la eternidad.
Daniel 12:3

HABLA ACERCA DE JESÚS.

¡Tú puedes hacerlo!

Algunas veces es difícil hablar de Jesús con las personas que no quieren hablar de Él. Pero esas son las personas que más necesitan que les hablen de Él, así que no te rindas.

Llevemos bien las cuentas

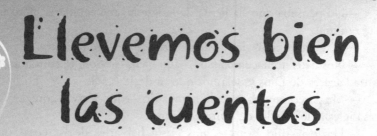

En la aritmética los números vuelan como palomas entrando y saliendo de tu cabeza.

A Abigail le había ido bien en la venta de caramelos para la colecta de la escuela. Se los vendió a la gente de la oficina de su papá, a sus vecinos y a sus abuelos. La parte de las ventas era muy divertida, ella era buena vendiendo. Aun así, mantener el orden con el dinero... quién compraba qué, quién había pagado, quién debía... no era su punto fuerte.

Cuando terminaron las ventas, Abigail entregó los pedidos a la escuela. Tres semanas después, sus padres la ayudaron a recoger los dulces, a pagarlos y a poner en orden los pedidos. Esto no iba bien. Parecía que había un gran problema.

—Papá, no puedo resolver esto. Entregué $156 a la escuela. El total de la orden era $245. La diferencia es $89. Pero según mis cuentas, mis clientes me deben solo $47. Eso significa que me faltan $42. ¿Puedes revisar mis cuentas?

—Tus cuentas parecen estar bien, querida. Pero tienes razón, te faltan $42 —dijo el papá de Abigail después de revisar varias veces los números—. Hay una sola cosa que puedes hacer, Abigail. Tendrás que conseguir ese dinero y pagarlo a la escuela.

Abigail no tenía tanto dinero. Le llevaría muchísimo tiempo juntarlo. Pensó: *Podría decir que entregué todo el dinero y que otro cargue con la culpa de lo que falta. O podría pedirles a mis clientes una colaboración extra para la colecta. O podría cobrar una tarifa extra por entregar las órdenes. O podría...* Al fin, decidió que esas no eran buenas opciones.

—Supongo que corresponde que me haga cargo de reponer el dinero que falta.

Ella vació su alcancía y pidió prestado algo de dinero de su cuenta de ahorros.

—Esta es una dura lección, Abigail —dijeron sus padres—, pero tomaste la mejor decisión.

Que me protejan mi honradez y mi inocencia,
pues en ti he puesto mi confianza.
Salmo 25:21, DHH

LA HONRADEZ NUNCA TE DESILUSIONARÁ.

Cuando cometas un error, admítelo. Luego ve y haz lo que sea bueno para repararlo.

Una casa limpia

Si cada uno barre el frente de su casa,
toda la calle estará limpia.

—¡Tiempo de limpieza de primavera!

Cuando Doug y Elaine escucharon a su mamá decir esas palabras quisieron correr y esconderse. Ahora que eran mayores, la mamá esperaba que ayudaran más con la limpieza general de la casa que le gustaba hacer dos veces al año.

—No entiendo por qué tenemos que vaciar estos roperos —masculló Doug mientras sacaba botas para la nieve, palos de *hockey* y un par de mitones rosa de un rincón.

—¡Espera! ¡Esos son los mitones que había perdido! —exclamó Elaine.

—¡Qué afortunada! —dijo entre dientes Doug mientras limpiaba el piso del ropero con un trapo.

—Estas ventanas ni siquiera parecen sucias —dijo Elaine mientras las rociaba con limpiador y frotaba de forma enérgica con una toalla de papel. Se sorprendió cuando vio la suciedad que quedaba en el papel.

—¿Cómo va todo aquí? —preguntó la mamá al entrar a inspeccionar la habitación.

—Nuestra casa no está tan sucia —dijo Doug—. Tú limpias todo el tiempo. ¿Por qué tenemos que hacer esto?

—¿Recuerdas que no limpiamos el garaje por mucho tiempo? —preguntó la mamá.

—Sí, y nos llevó tres días hacerlo, ¡y había arañas! ¡Puf! —dijo Elaine.

—Y esa caja de libros estaba arruinada porque había estado sobre un charco de agua —dijo la mamá—. Cuando mantienes la limpieza, es fácil hacerla y toma menos tiempo. Tan pronto como terminen con esto, estará todo hecho y podremos salir a comer pizza.

—¡Me anoto en eso! —exclamó Doug, agarrando el limpia muebles—. Este polvo se fue.

Recuerda

Por negligencia se hunde el techo,
y por pereza tiene goteras la casa.
Eclesiastés 10:18, NBLH

¡LIMPIO ES MEJOR! ¡DE VERDAD!

¡Tú puedes hacerlo!

Podrás creer que el trabajo de la casa no es divertido, pero tienes que admitir que es genial cuando está todo limpio y es fácil encontrar las cosas. Es importante también sacar el desorden de tu corazón.

Nunca sola

Debes preocuparte cuando la pared de tu vecino
está en llamas.

Ginny era una estudiante brillante y tenía muchas amigas. Ella y su familia eran nuevas en la ciudad, pero parecían haberse adaptado con rapidez.

A pesar de que el rendimiento de Ginny era bueno, sus maestros estaban un poco preocupados por ella. Su ropa a veces necesitaba ser lavada. Su papá siempre iba a las reuniones de padres, de modo que no parecía que hubiera problemas en casa... ¿o los había? Aunque vivían cerca de la escuela, Ginny nunca invitaba amigas a su casa.

Un día Ginny faltó a un ensayo importante de la obra de teatro de la escuela. Eso no era propio de ella, tenía uno de los papeles principales.

Volviendo de la escuela, Kara y Colleen pensaron que irían a ver si Ginny estaba bien. Llamaron a la puerta, pero nadie contestó. Las persianas estaban cerradas. Ellas podían escuchar la televisión y el sonido del timbre de la puerta. Pronto Ginny abrió la puerta.

—Mi mamá está enferma hoy, por eso me quedé —le dijo a las niñas.

—¿Hay algo que podamos hacer? —preguntaron.

Ginny parecía que iba a comenzar a llorar.

—Mi papá dice que mi mamá bebe demasiado. Es por eso que no puedo invitar a nadie a casa. Por favor, no se lo digan a nadie.

Kara y Collen sabían que tenían que ayudar.

—¿Podemos contarle a la Srta. Georgia nuestra consejera de la escuela? Ella puede ayudarte.

—Yo fui a hablar con ella cuando mis padres se divorciaron. Yo estaba muy asustada. Pero la Srta. Georgia fue maravillosa, ella me ayudó mucho —dijo Kara.

—No sabía que tenías problemas, creía que yo era la única que los tenía —dijo Ginny—. ¿Crees que me puede ayudar?

—Iré contigo a ver a la Srta. Georgia —dijo Colleen—, no tienes que tener miedo.

—Estoy contenta de que ustedes se preocupen por mí —dijo Ginny—. Las veo mañana en la escuela.

Recuerda

Yo soy pobre y estoy necesitado; ¡ven pronto a mí, oh Dios!
Tú eres mi socorro y mi libertador; ¡no te demores, Señor!
Salmo 70:5

PIDE AYUDA CUANDO LA NECESITAS.

¡Tú puedes hacerlo!

¿Estás luchando con algún problema que es mayor que tú? Pídele ayuda a alguien en quien confíes.

Planifiquemos por adelantado

Suficientemente bueno nunca es suficiente.

Los mellizos Benjamín y Brittany vivían en una granja y criaban animales que exponían en las ferias del condado.

Un día el papá de los mellizos decidió darles un trabajo que nunca antes habían hecho solos.

«Chicos, quiero que sieguen el campo grande de alfalfa, que la enfarden y la acomoden en el granero antes de las primeras nevadas. Pueden hacerlo al ritmo que les convenga, pero asegúrense de que esté listo antes de que llegue la nieve. De otra manera, sus animales no tendrán alimento este invierno».

Los mellizos calcularon que la primera nevada tardaría por lo menos un mes en llegar.

Durante la primera semana, hicieron casi todo el trabajo de segar. Solo les faltaba un poco aquí y allá. *Eso no significaría mucha cantidad de heno,* pensaron. En la segunda semana, terminaron de segar y comenzaron a enfardar la alfalfa. El trabajo les tomó más tiempo del que tanto Benjamín como Brittany habían pensado, así que decidieron pasar la enfardadora un poco más rápido por el campo. Empezaron a perder un montón de heno y los cables que sostenían los fardos estaban flojos.

Luego con la escuela y otras actividades comenzaron a acortar su tiempo de trabajo y dos semanas más tarde, cuando la primera nevada estaba en camino, aún había fardos en el campo. El papá y el tío Charles tuvieron que ayudarlos a almacenar los fardos en lo alto del granero.

Cuando terminaron a la media noche, el papá les dijo:

«Niños, me temo que su trabajo "casi suficientemente bueno", no fue suficiente. No creo que tengan tanto heno como el que van a necesitar. Deberían empezar a pensar cómo van a conseguir el dinero para comprar el heno cuando se les acabe durante el invierno».

Eso no era lo que Benjanín y Brittany querían escuchar... pero sabían que el papá tenía razón.

Las hormigas, animalitos de escasas fuerzas,
pero que almacenan su comida en el verano.
Proverbios 30:25

UN TRABAJO QUE VALE LA PENA HACER, VALE LA PENA HACERLO BIEN.

Ve un poco más lento con ese trabajo que preferirías no hacer; hazlo bien desde el principio, así no tendrás que hacerlo todo otra vez.

Más para celebrar

Quien es feliz, hará también felices a otros.

La mamá de Elena la llevaba a su primer día de clases del año escolar. Elena estaba entusiasmada por su nueva escuela en los Estados Unidos. Hacía dos meses que su familia se había mudado de Puerto Rico.

La familia se había establecido con la ayuda de la gente de la iglesia y habían encontrado un hogar para ellos. El papá de Elena había encontrado un trabajo enseñando español en una escuela.

En el receso de invierno, sus padres tenían planeado volver a Puerto Rico a visitar a los abuelos para Navidad. Elena tenía ganas de ver a sus abuelos, pero no quería dejar a sus amigas y perderse todas las fiestas de Navidad en su nueva ciudad.

La mamá de Elena tuvo una idea. En Puerto Rico, la gente celebra el 6 de enero el Día de Reyes. Ella le prometió a Elena que cuando los González regresaran a su casa, celebrarían esa fiesta con las nuevas amigas de Elena.

Elena invitó a sus amigas a pasar con ellos la noche del 5 de enero, que es cuando comienza la celebración. La noche anterior al Día de Reyes, Elena y sus amigas pusieron pasto y agua debajo de sus camas como hacen los niños en Puerto Rico. Esto era un poco fuera de lo común, pensaron las niñas, pero hicieron lo que Elena les dijo y pronto se quedaron dormidas.

Cuando se despertaron la mañana siguiente, las niñas se sorprendieron al encontrar un regalo debajo de cada cama. Elena les explicó la costumbre:

«Los camellos se beben el agua y se comen el pasto, y los reyes le dejan un regalo a los niños por ayudar a los camellos».

Las niñas estaban encantadas con sus sorpresas.

«Es como tener dos Navidades», dijo una de ellas.

Alégrense con los que están alegres.
Romanos 12:15

NUEVOS AMIGOS SIGNIFICAN NUEVAS AVENTURAS.

Invita a alguien de otro país o cultura a compartir tradiciones contigo y tus amigos.

La prueba

En verdad, nada está perdido en una vida de sacrificio,
todo se pierde al no cumplir con obedecer
el llamado de Dios.

Este era el primer viaje de los niños al desierto a ver cómo probaba su papá los caballos. Cinco sementales sin montura resoplaban y piafaban mientras esperaban. Los caballos podían oler el agua del oasis solo a poca distancia de su lugar de parada y tenían mucha, mucha sed.

Leah y Logan habían visto a su padre entrenar a esos caballos durante meses. Podía silbar de una manera que los caballos reconocían como una orden. Este pequeño grupo de sementales árabes hacía lo que ninguno de los otros caballos hiciera jamás en el corral. Cuando el papá silbaba, estos cinco caballos venían al instante y se paraban justo delante de él.

Entonces, ¿por qué papá se había negado a darles comida o agua en los últimos dos días? ¿Y por qué los había llevado todo el camino por el desierto para darles agua en el oasis?

De repente, papá dio la señal para liberar a los sementales. Con una sed desesperada, echaron a correr hacia el oasis. Sin embargo, justo cuando estaban a punto de llegar a la laguna, ¡papá silbó!

Dos de los caballos hundieron sus narices en el agua para tomar un largo trago. Otros dos, tomaron un trago corto y regresaron corriendo hacia donde estaba papá. Pero el quinto caballo se detuvo en el momento que escuchó el silbido, y a pesar de la tremenda sed, el caballo se dio vuelta y corrió hasta donde estaba él y se paró justo delante de los niños y papá.

«¡Este es el caballo, niños! De los cinco, este es el único que estamos seguros que obedecerá a su amo sin importar cuán grande sea su deseo de desobedecer. Puedes confiarle tu vida a este caballo. Los otros nunca serán confiables».

Luego su papá los miró profundo a los ojos. «Leah y Logan, cuando se trata de obediencia, la gente no es tan diferente».

Recuerda

Si ustedes me aman, obedecerán mis mandamientos.
Juan 14:15

DIOS NOS MANDA A SER OBEDIENTES.

La próxima vez que tus padres te manden a hacer algo que preferirías no hacer, solo di «¡Sí!», en lugar de «¿Por qué?»

Cumplamos las promesas

Evita el apuro de último momento
para hacer las cosas.

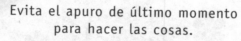

La habitación de Saundra era un desastre. La cama no estaba tendida. Los libros estaban en cualquier lugar menos en los estantes. Juguetes, juegos y muñecas cubrían casi cada centímetro del suelo. Ropas y zapatos parecían haber olvidado que pertenecían al armario; estaban tirados en sillas y hasta debajo de la cama.

¡Qué desorden!

Era sábado por la mañana y Saundra se había puesto de acuerdo para ir a la casa de una amiga a mirar películas y almorzar. Más tarde, la mamá de su amiga las llevaría a la piscina. El sueño de Saundra era algún día ser nadadora olímpica. Y necesitaba practicar todo lo que fuera posible.

—¿Adónde crees que vas? —preguntó la mamá de Saundra al ver a su hija dirigirse a la puerta de calle.

—A la casa de Micki —dijo—. Le dije que iría.

—¿Limpiaste tu habitación? —preguntó la mamá.

Saundra puso sus ojos en blanco y suspiró.

—Lo haré más tarde, mamá, ¿está bien?

En ese momento, Cloudy, el cocker spaniel entró trotando a la habitación y saltó sobre Saundra.

—¿Recuerdas nuestro acuerdo? —preguntó la mamá—. Nos suplicaste a papá y a mí poder tener un perro, y estuviste de acuerdo en mantener tu habitación limpia si te permitíamos tener uno.

Saundra miró a su adorable cachorro a los ojos.

—Creo que él también necesita que lo saquen a caminar —dijo la mamá.

Saundra guardó silencio por un momento mientras pensaba en su promesa.

—Llamaré a Micki para decirle que iré un poco más tarde —dijo—. Limpiaré mi habitación tan pronto como Cloudy y yo regresemos de nuestro paseo. ¿Está bien, mamá?

—Está bien — sonrió su mamá.

Saundra estaba madurando.

Recuerda

El que recibe un encargo debe demostrar
que es digno de confianza.
1 Corintios 4:2, DHH

HAZ LO QUE DICES QUE HARÁS.

¡Tú puedes hacerlo!

Dios siempre cumple sus promesas. Como sus hijos, deberíamos ser como Él en todas las cosas. Eso también significa que debemos cumplir nuestras promesas.

El carrito de la alegría de Jarrett

La generosidad, más que dar en demasía,
reside en dar en el momento oportuno.

Jarrett Mynear tenía dos años cuando su familia descubrió que tenía cáncer. Para cuando tuvo diez años, ya era un experto en vivir en hospitales. Jarrett había pasado por muchos tratamientos que lo habían hecho sentir muy mal. También había tenido muchas operaciones, y en una de ellas, le habían amputado parte de su pierna.

Jarrett tenía muchas razones para estar triste. Pero no lo estaba. Un día Jarrett pensó que él no era el único niño que estaba enfermo en el hospital. Se dio cuenta que había muchos niños que se sentían tan mal como él. Decidió que alguna persona debía hacer algo para que todos se sintieran mejor, y esa persona era Jarrett.

Ideó el plan de llenar un carrito con muñecos de peluche y otros juguetes. Los niños podrían elegir como regalo un juguete del carrito. Con la ayuda de su mamá, Jarrett juntó donaciones de dinero y juguetes entre las personas y negocios del pueblo. Jarrett pasaba todo su tiempo libre organizando y llevando a cabo «el carrito de la alegría de Jarrett» para los niños del hospital del lugar.

El primer día que Jarrett llevó el carrito por las salas del hospital, varias emisoras de radio y canales de televisión cubrieron el acontecimiento y, al conocerse la noticia, se hicieron más donaciones. Aun cuando Jarrett se sentía muy enfermo, empujar el carrito por el hospital y ver la felicidad que esto les causaba a los otros niños ayudaba a que él se sintiera mejor.

Hoy, «el carrito de la alegría de Jarrett» da juguetes gratis a niños hospitalizados en varias ciudades. La familia de Jarrett espera que otros comiencen con sus propios «carritos de la alegría» en todo Estados Unidos.

[Permanezcan en] mi amor [...] Les hablo así para que se alegren conmigo y su alegría sea completa.
Juan 15:10-11, DHH

AYUDA A OTROS Y TE SENTIRÁS MEJOR.

¿Conoces a alguien que necesite ayuda o necesite aliento? Piensa en algo que puedas hacer por ella y que le ayude a alegrar su día. ¡Las cosas pequeñas cuentan!

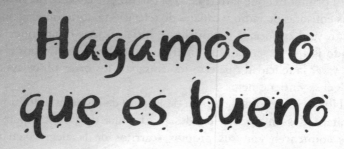

Hagamos lo que es bueno

Amigas, si somos honradas con nosotras mismas,
seremos honradas con los demás.

Cuando Katie vio el collar, supo que tenía que tenerlo. Haría juego con la blusa que su mamá le había comprado. Al mirar su billetera comprendió que no tenía suficiente dinero para comprarlo.

—Solo tómalo —le susurró su amiga Tisha—. No es muy caro, no dañará a la tienda si tomas un collar pequeño.

Katie lo pensó y recordó lo que su mamá había dicho acerca de hurtar en las tiendas, que eso era un delito y que provocaba que las tiendas subieran los precios de la mercadería. Y recordó un sermón que había dado su pastor, él había predicado acerca de «hacer lo bueno y no lo que nos es placentero». Ella decidió que no lo haría.

—Robar está mal —dijo—. Mi mamá dice que no importa si tomas un paquete de chicle o un auto. Tomar algo que no te pertenece es robar. Esa es la manera en que lo ve Dios.

—Pero ese collar es perfecto para ti —insistió Tisha—. Deberías tenerlo.

—Está bien —dijo Katie—. No me sentiría bien al usarlo si tuviera que hacer algo malo para tenerlo. De todas formas, mi cumpleaños es el mes que viene. Tal vez si le digo a mi mamá que me gusta, ella me lo regale.

—Me parece que tienes razón —dijo Tisha al ver pasar al guardia de seguridad—. Me imagino que no vale la pena meterse en problemas.

—No, no es eso —dijo Katie—, no es solo para evitar problemas. Es hacer lo que está bien.

—Eso me suena bien —dijo Tisha—. Vamos a tomar un helado, ¡yo pago!

Recuerda

Así que tengan cuidado de su manera de vivir.
No vivan como necios sino como sabios.
Efesios 5:15

PIENSA ANTES DE HACER ALGO.

¡Tú puedes hacerlo!

Cuando la Biblia dice que algo está mal, como robar, ¡está mal! No permitas que tus amigas te convenzan de hacer algo que sabes que está mal.

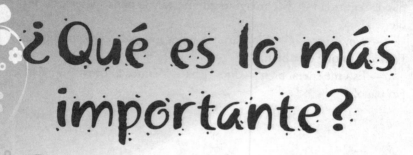

¿Qué es lo más importante?

La amabilidad debe ser la mayor virtud,
nunca me permitas olvidar eso.

—Jenna, ¿cómo vas con las donaciones? —preguntó el papá de Jenna durante el desayuno.

—¡Muy bien! Tan bien que consigo $22 por cada vuelta que corro. Me está yendo mejor que nunca. Creo que puedo conseguir más antes de la fecha de cierre.

La colecta anual era para una escuela local para niños discapacitados. La escuela era importante para los Carlisle, dado que la hermana menor de Jenna, Julie, era una de sus alumnas. Ella tenía varias incapacidades y la familia dependía, de muchas maneras, de la escuela para su educación y su terapia física.

Este año, Jenna le había pedido a su clase de la Escuela Dominical que colaborara. Todos los años su clase organizaba un proyecto para ayudar a otros, y este año habían elegido a la escuela de Julie.

—Jenna, sabes que Julie quiere correr este año —dijo el Sr. Carlisle—. Tu madre y yo pensamos que puede hacerlo, pero tú tendrías que correr con ella. ¿Qué te parece?

Jenna no había contado con eso. Tenía planeado rendir lo mejor que pudiera en la carrera. Pensaba que tenía posibilidades de ganar dentro de su categoría.

—Papá, ¿tengo que hacerlo? Si tengo que correr con Julie, no tendré ninguna posibilidad de ganar en mi categoría.

—Sé que es mucho lo que tienes que dejar de lado. Es algo que tienes que pensar. Ya sabes cuánto te admira Julie.

Jenna lo conversó con una amiga.

«¿Qué es lo mejor que debo hacer? De verdad quería que este fuera mi mejor año».

«Julie es una gran niña, Jenna», dijo su amiga. «Tú significas muchísimo para ella. No ganarás la carrera, pero pienso que es lo mejor que puedes hacer».

Al fin Jenna estuvo de acuerdo.

Ella y Julie corrieron y caminaron juntas sus vueltas.

No ganaron el primer premio... ¡pero Jenna fue la que más dinero logró recolectar!

Corramos con perseverancia la carrera que tenemos por delante.
Hebreos 12:1

LOS GANADORES NO SIEMPRE TIENEN QUE GANAR.

¡Tú puedes hacerlo!

Echa una mirada a algunas de las cosas que quieres ganar. ¿Cuánto te costará ganarlas?

Aquí está mi corazón

El amor es el retoño más bello en el jardín de rasgos de personalidad que tiene Dios.

Erin pegó con mucho cuidado un gran corazón rojo en la tarjeta que estaba haciendo. Era muy importante que la tarjeta fuera linda, porque era para la abuela que vivía en Maine.

La abuela había estado enferma y Erin esperaba que la tarjeta la animara.

La mamá de Erin entró en la habitación y miró la tarjeta.

—¡Vaya, Erin! —dijo—. Parece una tarjeta del Día de San Valentín. Sin embargo, ¡estamos en julio!

—Ya lo sé —dijo mientras terminaba de escribir el mensaje en la tarjeta—. Estuve pensando en lo que el pastor Miles dijo el domingo pasado: Cuando entregamos nuestro corazón a Jesús, prometemos amarlo por siempre, de la misma manera en que Él nos amará por siempre. Le doy este corazón a la abuela para que sepa que yo también la amaré siempre.

»De cualquier manera —dijo Erin—, no veo por qué no podamos tener Días de San Valentín más a menudo. ¿No deberían ser todos los días el Día de San Valentín si uno tiene a alguien que ama, como la abuela? Pienso que debería ser así.

La mamá de Erin sonrió. *¡Qué hija! Cada palabra que dijo tiene perfecto sentido.*

—Tienes razón —dijo la mamá—. Nunca lo había pensado de esa forma. ¿Y sabes qué? Te aseguro que a la abuela le encantaría que le dijeras en persona lo mucho que la amas. Creo que haremos un viaje para visitarla tan pronto como ella esté bien.

—¡Genial! —exclamó Erin—. Cuando vaya a su casa, me parece que voy a hacerle una torta con forma de corazón.

Recuerda

Hagan todo con amor.
1 Corintios 16:14

LLENA EL MUNDO CON AMOR.

No necesitamos esperar las fiestas especiales para decirles a las personas lo mucho que las amamos. Igual que a nosotros, a ellas también les gusta oírlo todo el tiempo. ¡Dilo hoy! ¡Dilo todos los días!

Plan B

En la vida, todo se basa en acostumbrarse
a lo que no se está acostumbrado.

Anna y Bobby estaban ansiosos por estar con sus abuelos para Navidad.

—Espero que al abuelo le guste la maceta que le hice —dijo Anna.

Era el 23 de diciembre y los Chases hicieron una lista de las cosas que debían empacar para el viaje de dos horas a la casa de los abuelos.

—Estoy seguro que le gustará, Anna. Bobby, ¿envolviste ya los regalos para la abuela? —preguntó el papá.

Bobby había decorado marcos para las fotos de sus retratos de la escuela para regalarle a la abuela.

—Sí, ya puse todo lo que necesito en la pila de cosas para llevar. ¡Ya estoy listo!

—¡Vamos a acostarnos temprano! —dijo la mamá.

Mientras la familia dormía empezó a nevar. Cuando el padre se levantó, miró por la ventana. ¡La nieve cubría todo! Y aún estaba nevando.

Prendió la radio para escuchar el informe meteorológico. Se avecinaban más nevadas. Telefoneó al departamento de carreteras: «¿Cómo están las rutas a Springfield?».

Las noticias no eran buenas.

—Niños —dijo el padre—. Tenemos que cancelar nuestro viaje a la casa de los abuelos. La carretera está en muy mal estado todo el trayecto.

Anna y Bobby estaban desilusionados: «¿Ahora qué haremos?».

El padre llamó al abuelo y le contó las novedades, después salió y paleó la nieve de su calle. Por lo menos podrían llegar a la iglesia para el servicio de Nochebuena.

La electricidad se había cortado en la iglesia, pero era Nochebuena y todos querían estar ahí. Había frío y estaba oscuro... pero aun así podrían tener el servicio. Usaron velas para iluminarse y todos se dejaron puestos los abrigos, los suéteres, los gorros, las bufandas y los guantes durante todo el servicio.

—¡Esta fue una aventura! —dijo Anna.

Bobby asintió y añadió:

—¡Igual que en los viejos tiempos! ¿No papá?

El papá se rió.

—Algunas veces solo tenemos que hacer lo mejor que podemos —dijo.

Yo he venido para que tengan vida, y la tengan en abundancia.
Juan 10:10

BUSCA UN BIEN EN CADA MAL QUE VENGA.

¡Tú puedes hacerlo!

Cuando las cosas no salen como quieres, trata de cambiarlas de la manera que te sea posible.

Sigue los carteles

Cuando somos obedientes, Dios guía nuestros
pasos y nuestras paradas.

No alimentar a los animales.

El cartel que estaba en la pared era tan grande que no podías dejar de verlo. Aun así, Meredith quería arrojarle algunos maníes al elefante bebé. Parecía hambriento. Y con seguridad unos maníes extra lo ayudarían a crecer para ser tan grande como su madre, que estaba por ahí cerca.

Meredith miró a su alrededor. Nadie estaba mirándola. Tomando un puñado de maníes de la bolsa que su mamá le compró se preparó para lanzárselos a los elefantes.

—¡Meredith! —su mamá tomó a Meredith del brazo y la apartó de la cerca—. ¿Qué estás haciendo? ¡Sabes que no debes alimentar a los animales! Viste el cartel.

—Parece hambriento —dijo Meredith, preguntándose en qué clase de problema se habría metido.

Cuando llegaron a casa, la mamá de Meredith le leyó un artículo del periódico que decía que un animal del zoológico se había enfermado por un caramelo que alguien le tiró a la jaula.

—¿Ves? —dijo la mamá con suavidad—, la gente del zoológico tiene que vigilar lo que comen los animales. Los guardianes saben con exactitud el tipo de comida y la cantidad que deben comer los animales. Por eso tienen reglas tales como "No alimentar a los animales". Esas reglas los protegen.

—Porque si ellos se enferman, no podremos verlos cuando vayamos al zoológico —dijo Meredith.

—Exacto —dijo la mamá—, y queremos ver a ese elefante bebé crecer sano y lindo, ¿no es cierto?

Meredith asintió de forma vigorosa con su cabeza.

—Sí —dijo—. Pero va a tener que comer mucha cantidad de maníes para ser tan grande como su mamá.

Obedece las leyes, pues, por dos motivos; primero, para que no te castiguen; segundo, porque es tu deber obedecerlas.
Romanos 13:5, LBD

SIGUE LAS INDICACIONES.

Es tentador hacer algo que parece no hacer daño, pero no siempre sabemos qué es lo mejor. Entonces, cuando algún cartel diga: «No...», ¡no lo hagas!

El acuerdo

Nuestras diferencias son métodos.
Nuestros acuerdos son principios.

Gail buscó por todas partes su camiseta de fútbol: en el vestidor, en el armario, debajo de la cama y en el viejo cajón de los juguetes. Hasta se fijó en la habitación de sus hermanas, pensando que alguna de ellas podrían haberla tomado, pero tampoco estaba ahí.

—Mamá —gritó—. No puedo encontrar mi camiseta. Ya sabes, esa azul que siempre uso para jugar al fútbol.

Unos minutos más tarde la mamá de Gail entró en el dormitorio mostrando la camiseta azul. Estaba muy arrugada, y todavía tenía unas manchas del césped, así como algo de barro.

—¿Esta? —preguntó la mamá.

—Sí, es esa. ¿Dónde estaba? ¿Qué le pasó?

—En el cesto de la ropa sucia —dijo la mamá—. ¿Recuerdas lo que hablamos acerca del lavado de la ropa?

Gail recordó. La mamá le había enseñado a usar la lavadora y secadora de ropa, y se habían puesto de acuerdo en que Gail lavaría su propia ropa, por lo menos una vez a la semana.

—No puedes usar esta camiseta hoy —dijo la mamá—. Está sucia.

—¿Qué otra cosa puedo usar? —preguntó Gail.

La mamá la miró sin decir nada y Gail se dio cuenta lo que tenía que decir.

—Está bien, mamá, sé que no cumplí con mi acuerdo respecto al lavado de la ropa, y es mi culpa que la camiseta esté sucia todavía. Usaré la roja. Y prometo que, a partir de ahora, haré mi lavado. Si llego a olvidarlo, tienes mi permiso para recordármelo. Vale la pena si de esa forma puedo usar mi ropa favorita cuando quiero.

La mamá sonrió aprobando lo que decía su hija.

Dios está en ustedes ayudándoles a desear obedecerlo y a poner en práctica esos deseos de hacer su voluntad.
Filipenses 2:13, LBD

CUIDA TUS COSAS.

¿Es divertido lavar la ropa? Puede serlo si lo miras de la manera correcta. Estás lavando lo que está sucio... de la misma manera que Jesús lavó todos tus pecados cuando Él murió en la cruz y resucitó.

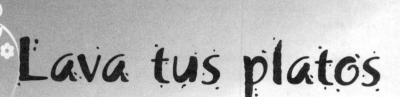

Lava tus platos

No es lo que haces; es lo que dejas sin hacer, lo que te causa un poco de pena cuando se pone el sol.

Cuando se rompió el lavaplatos, la mamá anunció que todos se turnarían para lavar los platos hasta que estuviera arreglada la máquina.

El miércoles por la noche era el turno de Kimmi. Se paró en un banquito para alcanzar al fregadero y comenzó a lavar los platos que habían estado en remojo.

«¡Kimmi! ¡Tu programa favorito va a comenzar!», la llamó su hermana desde la sala de estar.

Kimmi miró todos los platos que tenía que lavar e hizo una mueca al pensar que se estaba perdiendo su programa favorito de televisión. Tal vez podría apurarse. Les dio una rápida pasadita con la esponja, después los enjuagó con agua caliente y los dejó secarse en el escurreplatos, entonces saltando del banquito se unió con el resto de la familia a mirar televisión.

Justo antes de acostarse, la mamá de Kimmi la llamó a la cocina y le mostró dos de los platos que había lavado. Ambos tenían restos de salsa de tomate.

—Estos no están limpios —dijo la mamá—. ¿Qué pasó?

—Estaba apurada —dijo Kimmi—, pensé que estaban bien lavados, no vi la salsa.

La mamá puso los platos de vuelta en el fregadero y abrió el grifo.

—Cuando se te da un trabajo para hacer —le dijo—, siempre lo debes hacer lo mejor que puedas. No es lindo comer en platos sucios, ¿verdad?

—¡Puf! ¡No! —dijo Kimmi.

—¿Qué te parece que deberíamos hacer? —preguntó la mamá.

—Creo que debería lavarlos otra vez —dijo Kimmi.

—Esa es una buena decisión —dijo la mamá.

—Recuerda que siempre es más rápido hacerlo bien de una vez. Te diré lo que haremos, tú lavas y yo seco, de esa forma terminaremos muy rápido.

—Y así estarán lindos y limpios para el desayuno —dijo Kimmi—. Y mañana, ¡es el turno de papá de lavar los platos!

Recuerda

No seas perezoso en el trabajo; sirve al Señor con entusiasmo.
Romanos 12:11, LBD

REVISA TU TRABAJO ANTES DE QUE OTROS LO HAGAN.

¡Tú puedes hacerlo!

Cuando hacemos tareas para los demás, debemos recordar que Dios mira con atención la manera en que las realizamos. Si recuerdas que todo lo que haces en realidad lo haces para Dios, eso te ayudará a hacer todo mejor.

Abuelos compartidos

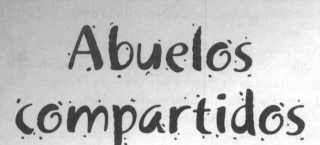

Cuando yo era muy pequeña, [mi abuela] me enseñó a hacer las cosas como es debido, trabajar duro, hacer bien el trabajo y divertirme.

—¡David! ¡Abbie! ¡Cameron! ¡Vengan a la casa, por favor! —llamó el papá a los niños que estaban en el patio.

Era una hermosa tarde de sábado y lo estaban pasando muy bien jugando afuera.

—Los abuelos llamaron para pedir si los podíamos ayudar a entrar al garaje los muebles del jardín. Pronto van a ir a la Florida a pasar el invierno y necesitan guardar los muebles. Les dije que iríamos esta tarde.

Los niños amaban a sus abuelos... pero tenían otros planes.

—Yo iba a ir a pescar con Joseph —suspiró Cameron.

—Ángela y yo íbamos a montar en bicicleta esta tarde —respondió Abbie.

El menor, David, todavía no iba a la escuela.

—Papá, yo puedo ayudar. ¡Iré contigo!

—Gracias, David —dijo—. ¿Y ustedes dos?

—Me parece que yo puedo pescar en otro momento —dijo Cameron.

Abbie no tenía ganas de abandonar su paseo en bicicleta, pero dijo:

—Bueno, está bien. Llamaré a Ángela.

—Gracias niños. Tal vez sus amigos quieran unírsenos. No tardaremos mucho.

El Sr. y la Sra. Stebbins subieron a los niños a la camioneta, y en el camino recogieron a Ángela.

Como hicieron el trabajo entre todos, la tarea solo les tomó una hora. Cuando terminaron, el abuelo y la abuela tenían preparado jugo de manzana y palomitas de maíz.

—Muchísimas gracias, niños —dijo el abuelo—. No podríamos haberlo hecho sin su ayuda.

—¡Gracias por las palomitas de maíz y el jugo! —contestaron los niños.

Mientras volvían a casa en el auto, Ángela dijo:

—Gracias por compartir tus abuelos conmigo. Los míos viven lejos y los extraño. Tus abuelos se parecen bastante a los míos. ¡Me divertí mucho!

Recuerda

Ayuden a los hermanos necesitados. Practiquen la hospitalidad.
Romanos 12:13

INCLUYE A OTROS AL AYUDAR A OTROS.

Si se necesita, pide ayuda a tus amigos y familiares. Comparte tu alegría.

Las perchas con cintas

Una hermana es una amiga que nos
provee la naturaleza.

«¡Mamá! ¡Lo hizo otra vez!», se lamentó Trish. «Todavía no he USADO este pantalón y ella ya lo gastó y hasta le rompió el cierre. ¡Pensaba usarlo para una fiesta esta noche!»

La mamá de Trish pareció comprensiva.

«Dolly simplemente no comprende que no quieres que te use tus cosas. Tal vez ella sea de tu talla, pero es más joven y creo que te admira. Quiere que tus amigas la acepten y tal vez piensa que usar tu ropa puede ayudarla en eso».

A Trish no le impactó esto, pero dejó las cosas así.

Dos días más tarde, volvió a pasar lo mismo. Esta vez, la mamá prometió hablar con Dolly.

—Trish, ¿por qué no te gusto? —le preguntó Dolly cuando regresó a su habitación.

—Me gustas, lo que no me gusta es que tratas mis cosas como si te pertenecieran —dijo Trish.

—Lo lamento —susurró Dolly.

De pronto, Dolly pareció muy pequeña sentada en la cama, y Trish comenzó a sentir pena por ella. Después de todo, Dolly era su hermana desde que su mamá se había casado con el papá de Dolly.

Trish fue a su ropero y tomó dos perchas. Les ató unas cintitas rojas alrededor de los ganchos de cada una y las colgó en la mitad del ropero.

—Dolly, esto nos ayudará a que respetemos cada lado del ropero. Yo no usaré nada de tu lado y tú no usarás nada del mío.

—¿Y esas dos perchas con las cintas para que son? —preguntó Dolly.

—Bueno —dijo Trish—, si alguna vez algo de mi mitad está en esta percha, quiere decir que las dos lo podemos usar.

La mamá de Trish escuchó esta nueva regla, y de tanto en tanto, aparecía colgada en alguna de las perchas con cintas, ropa que ninguna de las dos niñas había visto antes.

Ámense los unos a los otros con amor fraternal,
respetándose y honrándose mutuamente.
Romanos 12:10

ACEPTA Y AMA A TU FAMILIA.

Acepta a los nuevos miembros de la familia tal como son, y aprécialos tanto por sus diferencias como por sus similitudes contigo.

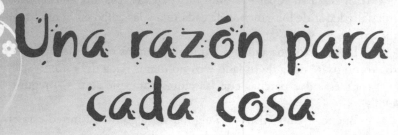

Una razón para cada cosa

Las personas ven a Dios todos los días,
solo que no lo reconocen.

Todd y Carrie salieron con su mamá a su restaurante favorito. Su papá había salido de la ciudad y el auto de la mamá lo estaban arreglando. A menudo la mamá los invitaba a comer afuera cuando el papá no estaba.

—Podemos caminar —dijo Todd—. El restaurante solo está a doce cuadras de aquí.

—Bueno, niños, ¡vayamos!

—¡Viva! —gritaron Todd y Carrie.

El camino fue más largo de lo que habían pensado, pero ellos lo soportaron y siguieron caminando.

—Ya puedo ver el cartel. Solo dos cuadras más y llegamos. ¡Vamos, Carrie, tú puedes hacerlo!

Y lo lograron. El restaurante estaba lleno y la orden tardó más de lo habitual. ¡Pero estuvo riquísimo! Después de la cena, partieron rumbo a su casa. Ya era tarde, y Carrie estaba cansada por la larga caminata. Finalmente, se sentó en la acera y se puso a llorar.

—Oremos, niños, que alguien nos llevará a casa —dijo la mamá.

A los pocos minutos, una vecina que venía con su auto vio a los Grissom.

—Hola, ¿quieren que los lleve?

—¡Sí, gracias! —dijo la Sra. Grissom.

—Suban.

—Sra. Jackson, como Carrie estaba demasiado cansada para caminar hasta casa, oramos para que alguien nos llevara. Al poco tiempo usted llegó con su auto —dijo Todd.

—¿De verdad? ¿Es así, entonces? —contestó la Sra. Jackson.

—¡Tengo muchas ganas de contárselo a mis compañeros de la Escuela Dominical! —dijo Todd—. Sra. Jackson, ¿quiere venir a la iglesia con nosotros?

La Sra. Jackson y su marido nunca iban a la iglesia, pero en ese momento ella pensó que podría ser una buena idea.

—Seguro, Todd —dijo—, al Sr. Jackson y a mí nos encantaría ir con ustedes.

Recuerda

Cualquier cosa que ustedes pidan en mi nombre, yo la haré; así será glorificado el Padre en el Hijo.

Juan 14:13

ORA POR TODO.

Haz una oración y luego testifica de la respuesta. Dios la usará para bendecir a otros.

La importancia de ahorrar

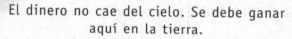

El dinero no cae del cielo. Se debe ganar
aquí en la tierra.

Cuando Jacey no recibió la bicicleta que quería para Navidad, estaba en realidad desilusionada. Su mamá notó que se había quedado muy quieta después que la familia terminó de abrir los regalos.

—Estás desilusionada por lo de la bicicleta, ¿no es así, Jacey? —le preguntó la mamá con suavidad.

Jacey solo asintió con la cabeza tratando de no llorar.

—No teníamos suficiente dinero para comprártela —dijo la mamá—, pero tengo una idea. Puedes ahorrar para comprar una bicicleta.

—Pero la que yo quiero cuesta $60 —protestó Jacey.

—Hagamos un plan de ahorro —dijo la mamá—. ¿Cuánto dinero tienes en tu alcancía?

—Doce dólares.

—Eso es el veinte por ciento —dijo la mamá—. Ganarás algo de dinero por cuidar el gato de los Carter cuando salgan de la ciudad el mes que viene, y tienes el dinero de tu mesada. También podrías reciclar nuestro papel de diario y latas de aluminio.

Después de meses de cuidar mascotas, regar plantas, hacer tareas de la casa, reciclado y algunos mandados para los vecinos, Jacey se sentó a contar su dinero: ¡$55! ¡Todavía le faltaban $5!

—Nunca tendré mi bicicleta —le dijo a su mamá.

—Sí, la tendrás —le dijo su mamá—. Papá y yo hemos estado hablando. Estamos muy impresionados por la forma en que has estado trabajando y queremos ayudarte.

Y sacó un billete de $5 de su bolsillo y se lo entregó a Jacey.

—¿Por qué no vas a la tienda ya mismo? —dijo sonriendo la mamá—, te apuesto a que hay una bicicleta esperándote.

—Gracias, mamá —dijo Jacey abrazándola—. Esta bicicleta va a ser súper especial porque trabajé mucho para conseguirla. ¡Realmente valió la pena el esfuerzo!

Recuerda

El dinero mal habido pronto se acaba; quien ahorra,
poco a poco se enriquece.
Proverbios 13:11

AHORRA TUS MONEDAS. ELLAS SE CONVIERTEN EN BILLETES.

¡Tú puedes hacerlo!

No siempre podemos tener todo lo que pedimos, y eso es bueno. Dios se asegura que tengamos todo lo que necesitamos, lo demás es la decoración de la torta.

Una mala idea

Lo que es bueno es bueno, aunque todos estén en contra; y lo que es malo es malo, aunque todos lo apoyen.

Marshall pensó que el día de escuela no terminaría nunca. Había recibido una invitación de Zoey para ir con un grupo de niños a su casa a escuchar música, y tenía una gran colección de CD.

Cuando sonó el timbre de salida, Marshall y los otros niños fueron en sus bicicletas hasta la casa de Zoey. Cada uno eligió su refresco preferido del refrigerador del sótano y se acomodaron en los cómodos sofás y sillas. La música que Zoey había elegido era buenísima, y lo estaban pasando muy bien. En un momento, Zoey subió a la planta alta y regresó con algo escondido detrás de su espalda.

—¿Alguien quiere probar un poco de esto? —preguntando una botella de vino.

—¡Zoey, tu mamá va a matarte! —chilló uno de las niños.

—Ella todavía no está en casa —dijo Zoey—. Llamó para avisarme que estaba retrasada.

—Aun así, no podemos beber eso —dijo Marshall.

—¿Por qué no? —preguntó Zoey.

172

—Porque no tenemos edad suficiente, es ilegal, es malo para nosotros, y porque nuestros padres nos dijeron que no debíamos hacerlo —dijo Marshall.

—Nuestros padres nunca lo sabrán —dijo Zoey.

—Sí lo sabrán —contestó una niña—. Mi mamá siempre sabe cuando yo he hecho algo que está mal.

—Chicos, ustedes no son nada divertidos —dijo Zoey poniendo mala cara.

—¿Qué encuentras de divertido en romper las reglas, enfermarse, ser descubiertos y castigados? —preguntó Marshall.

—Marshall tiene razón —dijo uno de los niños—. Hacer algo sabiendo que está mal y que puede meterte en problemas es estúpido. Y como dice mi papá, él no está criando niños estúpidos.

—¡Bueno, está bien! —dijo Zoey—. Tal vez ustedes tengan razón. Pero tampoco quiero que me griten.

Recuerda

Permanece firme en lo que has aprendido y de lo cual estás convencido, pues sabes de quiénes lo aprendiste.
2 Timoteo 3:14

MANTENTE FIRME EN LO QUE CREES.

¡Tú puedes hacerlo!

Haz lo que es bueno, porque es lo adecuado. En algún momento, a la larga, encontrarás una recompensa por tu decisión que te beneficiará.

Una nueva actitud

Cuántas personas se detienen porque tan pocas dicen: ¡Avancen!

—Yo solo sé que me va ir mal en la prueba de geografía —se quejó Courtney con su prima mayor, Randi.

—¿Cómo puedes saber eso? —preguntó Randi.

—Porque no soy buena memorizando cosas.

—¿Prestaste atención en clase e hiciste toda la tarea? —preguntó Randi—. ¿Y siempre estudias mucho para las pruebas?

—Sí, pero igual no sirve —dijo Courtney con tristeza—. Un niño de mi clase dice que las niñas no somos buenas con los mapas y todas esas cosas. No tiene sentido. Voy a reprobar, haga lo que haga.

—Espera un minuto —dijo Randi—. Tienes que olvidar lo que dijo ese niño. Muchos niños son malos con los mapas también, ¡mi papá siempre se pierde cuando hacemos viajes en auto! Me parece que estás haciendo las cosas bien. Tal vez solo necesites un cambio de actitud.

—¿Cómo? —preguntó Courtney.

—Tienes que decirte que eres inteligente, que sabes cómo estudiar y que vas a pasar este examen. ¡Cree en ti misma!

—¿Y por qué lo creería?

—Porque yo lo hago —le dijo Randi—. Sé que puedes hacerlo. Mira lo buena que eres en las otras materias.

—Tal vez tengas razón. Tal vez sea más inteligente de lo que creo que soy.

—Lo eres —dijo Randi—. No hay duda en eso. Sé que con una buena actitud, vas a hacer muy bien esa prueba. Y yo voy a ayudarte a estudiar para ella.

—¡Te creo! —dijo Courtney con confianza en su voz—. Ahora mismo voy a empezar a estudiar. ¿Quién dijo que no puedo sacar una A?

—¡Yo no! —dijo Randi alcanzándole el libro de geografía.

Recuerda

Con tu ayuda venceré al enemigo
y podré conquistar sus ciudades.
Salmo 18:29, TLA

CREE EN TI MISMA.

Tú eres una hija del Rey. Él lo sabe todo y estará feliz de compartir todo su conocimiento contigo. Y Él cree en ti. Esa es una combinación ganadora.

¿Miedoso?
¿Quién, yo?

La fe no es solo aferrarte a Dios;
es Dios aferrándose a ti.

Nora estaba temblando cuando bajó del auto. En su última visita al dentista, el Dr. Olson había encontrado una pequeña caries en uno de sus dientes. Hoy se la iba a arreglar.

—Mamá, estoy asustada —dijo Nora mientras se sentaban en la sala de espera. Estaba tiritando.

—No hay nada de qué temer —dijo la mamá—. Esto solo tomará unos pocos minutos.

—A mi amiga Beth le arreglaron una, y me contó que fue horrible.

La mamá de Nora le tomó la mano.

—¿Recuerdas que le tenías miedo al agua antes de aprender a nadar? Era porque no sabías lo que iría a pasar. ¿Recuerdas que oramos antes de que tomaras tu primera clase de natación?

—Sí —dijo Nora—. Todo salió bien porque tenía una buena maestra que era muy simpática.

—Te gusta el Dr. Olson, ¿no es así?

—Sí. Él siempre me dice "Nora de Bora Bora". Me hace reír.

—Tengo una idea —dijo la mamá.

—Oremos ahora y pidámosle a Dios que te quite el miedo.

Inclinaron sus cabezas mientras la mamá de Nora oraba.

Treinta minutos después, Nora entró, le arreglaron su caries y regresó a encontrarse con su mamá.

—¿Cómo te fue? —preguntó la mamá.

—Muy bien —dijo Nora feliz—. Me puso anestesia y no sentí nada. El Dr. Olson cantaba una cancioncita mientras trabajaba y terminó antes de que me diera cuenta.

—¿Entonces la oración dio resultado? —preguntó la mamá.

—Sí —asintió Nora—.Y fue bueno saber que Dios estaba ahí conmigo todo el tiempo.

Recuerda

El Señor es mi luz y mi salvación;
¿a quién temeré?
Salmo 27:1

NO TEMAS, DIOS ESTÁ AQUÍ.

Ir al médico o al dentista no tiene por qué darte miedo. Dios siempre va a ir contigo. Solo pídele que sostenga tu mano. Él puede quitarte el miedo.

La colecta

Confía en Dios para las grandes cosas. Con tus dos
panes y cinco pescados, Él te mostrará la manera
de alimentar a miles.

Habían pasado unas pocas semanas desde que Alston y su hermana melliza, Adela, habían regresado a la escuela después de las vacaciones de verano. Alston miró el almanaque y pareció deprimirse.

—¿Qué te pasa? —preguntó Adela, que lo había notado triste.

—Faltan dos meses enteros para el Día de Acción de Gracias —dijo Alston con tristeza—, y tres meses enteros para Navidad. Ya sé que tenemos esa fiesta de Todos los Santos en la iglesia en noviembre, pero necesito algo más para no pensar solo en la escuela, las tareas y las pruebas.

—Déjame ver ese almanaque —dijo Adela. Tuvo que admitir que no pasaban muchas cosas hasta después de octubre.

—¿Se dan cuenta cómo suenan ustedes dos? —preguntó la mamá—. En lo único que piensan es en los días de fiesta. Tienen que pensar en algo más.

—¿Como en qué? —preguntó Alston.

—Por ejemplo, en otras personas. Si en realidad quieren hacer algo en octubre, ¿por qué no hacen algo para el Día Mundial de la

Alimentación? Es el 16 de octubre. Es para recordar a las personas como nosotros que mucha gente en el mundo pasa hambre.

—¿Qué podemos hacer? —preguntó Adela.

—Tal vez pudieran hacer una colecta de alimentos en lata —dijo la mamá.

Alston pensó por un minuto.

—Podríamos contarle a la gente en la iglesia lo que estamos haciendo y pedirles que traigan cosas los domingos.

—Tal vez, lo más importante sería hacer un anuncio en nuestra escuela —sugirió Adela.

—Apuesto a que nuestros vecinos también nos ayudarían —dijo Alston.

La mamá se ofreció:

—Papá y yo podríamos ayudar recogiendo y entregando los alimentos.

Recuerda

Cuando le ayudas al pobre a Dios le prestas; y Él paga admirables intereses sobre tu préstamo.
Proverbios 19:17, LBD

AYUDA A ALIMENTAR A LOS QUE TIENEN HAMBRE.

¡Tú puedes hacerlo!

En lugar de pensar en cosas que puedes hacer para ti, de tanto en tanto tómate un tiempo para pensar en los otros. Muchísimas personas necesitan ayuda.

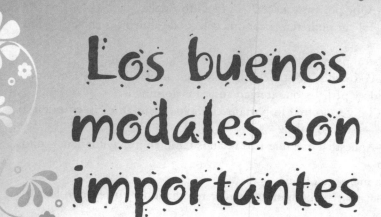

Los buenos modales son importantes

La cortesía hace mucho aunque no cuesta nada.

Como salida especial por su cumpleaños, los padres de Sonia la llevaron a cenar a un restaurante muy lindo. Había manteles blancos, velas, flores y vajilla súper brillante en todas las mesas.

Sonia acomodó la servilleta sobre su falda, imitando el gesto de su mamá y agradeció al camarero que le sirvió un vaso de agua. Cuando hizo su pedido, copió el estilo de su papá.

—¿Me puede traer lasaña y una ensalada verde con aderezo italiano, por favor?

El camarero sonrió y lo anotó.

En una mesa cerca de ellos, Sonia vio una familia con dos niños. El niño estaba derramando sal y pimienta sobre el mantel, y la niña golpeaba el florero, salpicando agua por todos lados.

«¡Niños, pórtense bien!», dijo la madre, pero ellos la pasaron por alto. Solo movió su cabeza en muestra de desaprobación, suspiró, y retomó la conversación con su marido.

Cuando llegó la comida, Sonia y sus padres agradecieron al camarero. El niño de la mesa de al lado, lo llamó a gritos para que rellenara su vaso de refresco.

La familia de Sonia terminó de comer y todos estuvieron de acuerdo en que la comida fue deliciosa. El camarero trajo la cuenta.

—Ha sido un placer servirlos —dijo, mirando por encima del hombro a la otra mesa—. Y lo digo de verdad.

Cuando el camarero se fue, el papá de Sonia le sonrió su hija.

—Y para mí es un placer tener una hija que tiene tan buenos modales.

—¡Amén! —coincidió la mamá—. ¡Vamos a casa a comer la torta de cumpleaños!

Den a todos el debido respeto.
1 Pedro 2:17

TEN EN CUENTA TUS MODALES.

Dios tiene modales perfectos. Él no nos alza la voz, ni nos grita, ni nos fuerza a hacer las cosas. Es un placer servirlo.

¿Cuál será?

Tienes que hacer tus propias elecciones
y después vivir con ellas.

Sonji había comenzado sus lecciones de clarinete cuando estaba en segundo grado y había aprendido a leer música. Todos esos puntos y líneas en las partituras comenzaban a tener sentido. Aprender la digitación para cada nota había sido difícil, pero estaba mejorando. Lo más importante, esos sonidos chirriantes de las primeras clases empezaban a desaparecer.

Sonji había querido aprender a tocar el clarinete durante mucho tiempo. Les preguntó a su mamá y a su papá si podía tener uno. Al principio alquilaron uno, luego como seguía practicando, le compraron uno.

Sin embargo, después de dos años de lecciones de clarinete, comenzó a practicar menos tiempo. No era exactamente que hubiera perdido el interés, sino que le interesaban también otras cosas... como la gimnasia.

Sus padres habían establecido un límite de actividades para hacer después de clases durante el año escolar. Ella era exploradora, tomaba clases de clarinete y se reunía una noche a la semana con el grupo juvenil de su iglesia. No había mucho tiempo para clases de gimnasia a menos que abandonara alguna otra actividad.

Sonji no era de las que hacían las cosas a medias. Si iba a tomar parte en algo, siempre quería hacerlo lo mejor posible. Lo charló con sus padres, pero ella debía tomar la decisión. Gimnasia o clarinete. ¿Qué elegiría?

Sonji oró para poder tomar una sabia decisión. Luego les anunció a sus padres su decisión: continuaría con las lecciones de clarinete.

—¿Qué fue lo que te hizo elegir el clarinete? —le preguntó el papá.

—Puedo tomar algunas clases de gimnasia en la clase de educación física de la escuela —dijo Sonji—. Y creo que voy a poder tocar el clarinete por mucho más tiempo del que yo podría participar en competencias deportivas.

—¡Qué buena elección! —dijo la mamá.

Recuerda

SEÑOR, en ti confío, y digo: «Tú eres mi Dios».
Mi vida entera está en tus manos.
Salmo 31:14-15

DIOS SE PREOCUPA DE CADA DETALLE.

¡Tú puedes hacerlo!

Ora por lo que tengas que elegir, y luego decide con la confianza de que tu oración se escuchó y respondió.

Honra a tus padres

Aquel que dice lo que quiere, a menudo
escucha lo que no quiere.

Mishi, Nia y su papá estaban invitados a la casa de Micah para
una comida al aire libre el Día de la Independencia. Invitaron a unas
diez familias a disfrutar del sol, la piscina y una buena comida.

Por la tarde, algunos de los papás jugaban a las herraduras, los
niños jugaban a tocar y parar y las mamás se aseguraban de que no
faltara comida y bebida.

Micah, que después de jugar estaba acalorado y sudado, llegó
corriendo a toda velocidad hasta donde se encontraba su mamá y le
pidió un helado.

—Un momentito —dijo su mamá—, tengo que terminar de servir esta ensalada.

—¡Ahora! —demandó Micah—. ¡Yo quiero un helado ahora, no
más tarde!

—Baja la voz —dijo su mamá.

—¡No! —gritó Micah, dando una patada en el piso con su pie—.
¡Dámelo ahora!

La mamá de Micah lo miró y le dijo que entrara con ella a la casa.
Regresó unos minutos después y dijo que su hijo permanecería un
rato en su habitación.

Un par de horas más tarde, mientras volvían a casa en el auto, Mishi y Nia le contaron a su papá lo que había pasado.

—El pobre Micah se perdió el resto de la fiesta —dijo Mishi.

—Me parece que solo debería haberlo regañado —exclamó Nia.

—O haberle dado el helado —dijo Mishi.

—¿Te parece que Micah merecía el helado? —preguntó el papá—. A mí me pareció que estaba siendo muy irrespetuoso.

—¡Pero si era una fiesta! —dijo Mishi—. Y él tenía calor.

—Eso no le da ningún derecho para ser irrespetuoso o grosero —dijo el papá—. Siempre debes ser cortés con otras personas y en especial con tus padres. Si no puedes respetar a las personas más importantes en tu vida, nunca aprenderás a respetar a los extraños. Y créeme, mostrar respeto te hará mucho más popular que ser grosero.

—Y pasarás mucho menos tiempo en tu habitación —dijo Nia.

Recuerda

Honra a tu padre y a tu madre, como el Señor tu Dios te lo ha ordenado, para que disfrutes de una larga vida y te vaya bien en la tierra que te da el Señor tu Dios.

Deuteronomio 5:16

EL RESPETO TRAE CONSIGO RECOMPENSAS GENIALES.

¡Tú puedes hacerlo!

¿Cuándo es el mejor momento para honrar a tus padres y mostrarles el debido respeto? ¡Siempre! No existe el momento en que no debas tratar a tus padres de la forma que Dios quiere que los trates. ¡Sé respetuosa!

Ganadora... y aún campeona

Cuando una de las puertas de la felicidad se cierra, otra se abre; pero muchas veces miramos la puerta cerrada por tanto tiempo que no vemos la nueva que se nos ha abierto.

Dierdre siempre había soñado con ser una figura del patinaje. En todas las paredes de su habitación tenía colgados afiches de famosas patinadoras olímpicas. La mamá y el papá alentaban su sueño. Tomaba clases de patinaje y hasta de ballet y gimnasia, a fin de tener la fuerza y la gracia necesarias. Dierdre sabía que se requería de mucho trabajo para ser una buena patinadora.

Estaban en invierno y era el momento justo para practicar el patinaje al aire libre. Dierdre estaba resfriada, pero eso no era algo fuera de lo común. Luego el resfrío se convirtió en dolor en los músculos y las articulaciones. Lo siguiente fue que un virus se alojó en su espalda y en la médula espinal. Su temperatura se elevó a los 103 grados. Dierdre perdió la sensibilidad en sus piernas y pies.

«¿Podré volver a patinar?», le preguntó a la doctora.

«Eso ya se verá», le respondió. «Todo el entrenamiento que has hecho siempre será de gran ayuda».

Después de días y semanas de terapia física, Dierdre mejoró, pero no tenía una recuperación total. Lo que antes hacía con facilidad y gracia, después de la enfermedad lo hacía con dolor e incomodidad.

—Mamá, papá, yo quiero ser una patinadora. No sé si alguna vez podré... —y rompió a llorar.

—Dierdre, sabemos que algo bueno tiene que resultar de todo esto. Oremos y así será. Estás haciendo un gran esfuerzo. Estamos muy orgullosos de ti.

El esfuerzo de Dierdre le valió el respeto de su terapeuta físico.

—Dierdre —le dijo—, por el momento no sabemos si volverás a patinar como lo hacías antes. Pero yo sé que hay algo que sí puedes hacer ahora.

—¿Qué? —preguntó.

—Hay una niñita en las sesiones de la tarde que se lastimó la espalda haciendo gimnasia. ¿Hablarías con ella? Está desanimada y necesita alguien que la ayude a enfrentar esta desilusión.

De súbito, Dierdre se sintió útil y fuerte.

Recuerda

Todo lo puedo en Cristo que me fortalece.
Filipenses 4:13

LAS DESILUSIONES TRAEN BENDICIONES INESPERADAS.

¡Tú puedes hacerlo!

Escribe sobre alguna desilusión que hayas tenido en tu vida. ¿Cómo te ha hecho más fuerte y mejor persona?

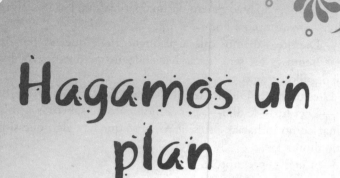

Hagamos un plan

La gloria de la amistad es... la inspiración espiritual
que le llega a uno cuando descubre que alguien
más cree y está dispuesto a confiar en uno.

Desde que recuerda, Alyssa siempre había disfrutado estar con su vecina, la Sra. Parks. Todos los miércoles al volver de la escuela, pasaba por su casa a tomar el té.

La Sra. Parks era la persona más fascinante que Alyssa conociera jamás. Sabía todo lo que había que saber. Y si no lo sabía, sabía dónde encontrarlo y estudiarlo.

La Sra. Parks le había enseñado a hacer masa de hojaldre, a hacer una cama de hospital y a emparchar una cámara de bicicleta. Hasta habían ido de pesca y habían limpiado lo que habían pescado.

La Sra. Parks siempre estaba aprendiendo cosas nuevas. Alyssa podía hablar con ella sobre cualquier cosa... y es lo que hacía. Ella le contó a la Sra. Parks que sus padres discutían mucho, que en su casa lo estaban pasando muy mal desde que su padre perdió su empleo en la aerolínea.

—Alyssa —dijo la Sra. Parks—, pensemos de qué forma podemos ayudar a tu madre y a tu padre. Llegar a una solución debe ser difícil para ellos ahora.

—Yo no sé qué hacer —dijo Alyssa, casi llorando.

—Hagamos una gran venta de objetos usados —sugirió la Sra. Parks—. Puedes conseguir algo de dinero para tu familia. Recorreremos el vecindario juntando las cosas que la gente ya no quiera, y las venderemos a comisión. Les damos el cuarenta por ciento de lo que obtengamos de la venta.

—¡Qué buena idea! Tengo unos patines que me quedan pequeños y unos vídeos que ya no miro.

—Parece que tenemos un plan que resultará. Ahora tenemos que preguntarles a tus padres.

Las dos fueron a la casa de Alyssa y les contaron su idea. Ellos estuvieron de acuerdo, y trabajaron juntos para tener una exitosa venta de objetos usados.

Recuerda

El hierro se afila con el hierro, y el hombre
en el trato con el hombre.
Proverbios 27:17

LOS AMIGOS PUEDEN SER PARTE DE LA SOLUCIÓN.

¡Tú puedes hacerlo!

Involucra a otros a fin de encontrar soluciones para los que las necesitan.

No pasar

Salir de un problema no siempre es tan sencillo como meterse en él.

El depósito en las afueras de la ciudad había estado cerrado por años. Había candados en todas sus puertas y carteles de «No Pasar» por todos lados.

Jackson y Amber pasaban por ahí todos los días en su camino a la escuela. Jackson y su hermana eran nuevos en la ciudad. Se habían mudado a principios de agosto. Ansiosos de que los aceptaran, estuvieron muy contentos cuando K.J., uno de los niños de la clase de Jackson, los invitó a volver de la escuela caminando con él y unos amigos.

Cuando se acercaron al depósito, K.J. dijo:

—Sé cómo hacer para entrar ahí. Vayamos a probar.

—Sí, hagámoslo —dijo Terese.

—Pero tiene carteles de «No Pasar» —protestó Amber.

—Tienes miedo, ¿no es cierto? —se burló de ella uno de los niños.

—Estaríamos haciendo algo en contra de la ley —dijo Jackson, defendiendo a su hermana.

—No hay vigilantes cerca —dijo Bobby—. Nadie lo sabrá.

—Todos nosotros sabremos que hicimos algo mal —dijo Amber.

—Yo voy a entrar —dijo K.J.—. ¿Viene alguien más?

—Seguro, no tengo miedo —dijo Bobby haciéndole una mueca a Amber.

Todos menos Jackson y Amber entraron con él.

Unos momentos más tarde sonaron las alarmas. Jackson y Amber vieron cómo los guardias de seguridad que patrullaban la zona escoltaban a cinco niños asustados para que salieran del edificio.

—¡No! ¡No llamen a mis padres! —escucharon llorar a Terese.

—Estoy contenta que no entramos ahí —dijo Amber mientras se dirigían a su casa.

—Yo también —dijo Jackson—. Quiero hacer amigos, pero no del tipo que nos meterá en problemas.

Recuerda

El que se llame cristiano debe apartarse del mal.
2 Timoteo 2:19, LBD

ALÉJATE DE LOS PROBLEMAS.

Como cristiano, Dios quiere que seas un buen ejemplo para otras personas. Puedes ser un líder. Puedes defender lo que está bien, no importa la edad que tengas.

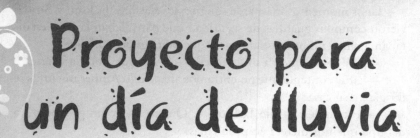

Proyecto para un día de lluvia

En lugar de quejarte... entra ahí
y mejora las cosas.

—Mamá, no tengo nada que hacer. Está lloviendo y estoy aburrida —se quejó LeeAnn.

—Necesito algo de ayuda para hacer la lasaña para esta noche. Hoy, nuestro grupo comunitario va a servir la cena en el refugio para los desamparados. Es el turno de nuestra familia para llevar la comida. ¿Me puedes ayudar? —preguntó la mamá.

—Yo soy buena en revolver y cortar.

—Busquemos la receta y miremos si tenemos todos los ingredientes que necesitamos.

LeeAnn leyó los ingredientes en voz alta mientras la mamá miraba en las alacenas.

—Tomates y puré de tomate, la pasta para hacer lasañas, carne picada, especies, queso, huevos, cebollas...

—No tenemos cebollas —dijo la mamá—. Voy a llamar a la Sra. Ross a ver si me puede dar algunas. Luego puedes ir hasta allá y buscarlas.

Su vecina, la Sra. Ross, le abrió la puerta y le dio unas cuantas cebollas a LeeAnn.

—¿Qué están haciendo? —preguntó.

—Estamos haciendo lasaña para llevar esta noche al refugio de los desamparados. No teníamos cebollas.

—¿Necesitan algo más? —preguntó la Sra. Ross—. Puedo hacer una torta para el postre.

—Estoy segura que siempre les viene bien —dijo LeeAnn—. La pasaremos a buscar cuando vayamos a servirles.

—Me alegra poder ayudar.

La tarde pasó con rapidez cocinando y horneando. La comida estuvo lista para salir a las cuatro de la tarde. Cuando llegó el papá, pasaron por la casa de la Sra. Ross a buscar la torta y después fueron al refugio.

Después de la cena, LeeAnn encontró un rinconcito donde jugaban los niños más pequeños.

—Les leeré un cuento mientras sus mamás lavan la ropa.

Los Andersons estaban muy cansados cuando llegaron a casa. Aun así todos estuvieron de acuerdo en que querían volver a ir a ayudar.

Recuerda

Ayuden a los hermanos necesitados.
Romanos 12:13

DIOS QUIERE HACER SU TRABAJO POR MEDIO DE TI.

¡Tú puedes hacerlo!

Pregúntale a Dios qué puedes hacer. Nunca eres demasiado joven ni viejo para hacer algo bueno para los otros.

Las amigas de patinaje

Los deportes no construyen el carácter, lo revelan.

Todas las niñas llevaban sus patines en línea, sus cascos, coderas y rodilleras al club de niñas. Esa tarde iban al Rive Parks a patinar.

Carlie no tenía experiencia en patinaje en línea. Le acababan de regalar un par de patines por su cumpleaños dos semanas atrás.

—Tengan cuidado a donde vayan, niñas —les dijo su líder, la Sra. Vance—. Las veo de regreso aquí en una hora.

—He hecho este camino una docena de veces —dijo Patricia, la amiga de Carlie—, lo conozco bien.

Y con eso, las niñas se fueron.

—¡Mira esto! —gritó Patricia mientras tomaba una de las rampas del sendero.

—¡Qué buena eres Patricia!

—Tú estás yendo muy lento. Voy a alcanzar a la líder —dijo Patricia mientras se abría paso zigzagueando entre las patinadoras, algo que sabía que no debía hacer. Pero Patricia era la mejor patinadora del club de niñas. Podía detenerse de pronto si lo necesitaba.

—Me acerco por su izquierda —le avisó al grupo de niñas mientras las pasaba. Se dio vuelta para saludarlas mientras se alejaba veloz.

—¡Cuidado! —le gritaron las niñas.

Lo que Patricia no había visto era a un grupo de ciclistas que venían subiendo la colina en dirección contraria. Chocaron de frente. Había bicicletas y patines por todos lados.

—¡Oye, ten más cuidado la próxima vez! —gritó uno de los ciclistas.

—Lo siento, lo siento —gritó Patricia mientras se levantaba del amontonamiento de niñas caídas.

—¡Te estabas exhibiendo! —le gritó uno de los ciclistas.

Para ese entonces, Carlie la había alcanzado.

—Patricia, ¿estás bien?

—Sí, pero a duras penas —dijo Patricia—. Tengo que mirar por donde voy en lugar de esperar que los demás me miren a mí.

Así que tengan cuidado de su manera de vivir.
No vivan como necios sino como sabios.
Efesios 5:15

EL COMPORTAMIENTO DESCUIDADO PROVOCA LESIONES.

Obedece las reglas de seguridad vial. Están para protegerte a ti y a los demás.

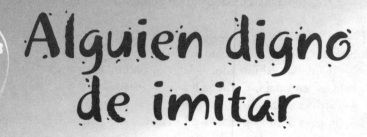

Alguien digno de imitar

Alimenta tu mente con grandes pensamientos.
Creer en lo heroico produce héroes.

El funeral del abuelo de Madison fue uno de los mayores vistos en la ciudad. Más de quinientas personas asistieron a la iglesia para el servicio fúnebre. Amigos del abuelo que lo conocían desde la niñez, vecinos, personas que trabajaron con él, amigos más jóvenes, comerciantes, hermanos, sus hijos y sus nietos, todos fueron a celebrar la vida que él vivió. ¡Madison no tenía idea que a su abuelo lo conocían tantas personas!

«Hoy estamos aquí para despedir a un amigo muy querido», dijo el ministro cuando comenzó el servicio. «La buena noticia es que en realidad no es un "adiós", sino un "hasta luego, Floyd", porque sabemos que Floyd está en el cielo con nuestro Señor y sabemos que lo volveremos a ver cuando todos estemos allí».

Cuando el ministro terminó de hablar, varios parientes y amigos del abuelo se acercaron a contarle lo especial que él había sido. Le contaron historia tras historia de los tiempos en que él les había prestado dinero, o cómo los había ayudado a sacar la nieve de sus caminos, a hacer arrancar sus autos, llevándolos a aeropuertos, consolándolos cuando fallecían sus seres amados, parecía que durante toda su vida nada había detenido al abuelo para mostrar el amor de Dios a los otros.

«Lo mejor que puedo decir de mi papá», agregó el papá de Madison, «es que yo soy una mejor persona porque mi papá fue cariñoso, compasivo, honesto y sabía perdonar y yo siempre quise ser como él».

«Papá, ¿sabes qué?», dijo Madison cuando terminó el servicio. «Después de escuchar a toda esa gente diciendo esas cosas tan buenas del abuelo, he decidido que yo también quiero ser como él».

Recuerda

Imiten ustedes a Dios como hijos amados
que imitan a su padre.
Efesios 5:1, LBD

JESÚS ES EL MEJOR EJEMPLO A SEGUIR.

¡Tú puedes hacerlo!

Es maravilloso tratar de ser como las personas que nos dan un buen ejemplo. Jesús es el mejor ejemplo que siempre hemos tenido. Si podemos ser como Él, ¡realmente seremos algo!

El debut

Comparte tu valor con otros.

Millie espió detrás del telón del escenario y de inmediato sintió un nudo en la garganta. El auditorio de la escuela estaba repleto y hasta se veía gente parada en el fondo.

—¿Tenemos mucho público? —preguntó Keri.

—Muchísimo —dijo Millie—, me siento un poco mal.

—Te irá fantástico —dijo Keri—, tienes una voz hermosa y sabes tu canción. Estuviste perfecta la otra noche en el ensayo general.

—En el ensayo general no había público —se lamentó Millie.

—¡Estarás maravillosa! —dijo Keri con más entusiasmo aun.

—Tú has hecho esto un montón de veces antes, Keri —dijo Millie—. Es la primera vez que yo hago un solo.

—Bueno, te diré lo que haremos —dijo Keri—. Yo estoy parada en el coro justo detrás de ti. Si olvidas la letra, cantaré contigo. Si flaqueas, me adelanto y canto el resto de tu canción.

Millie se rió:

—¿Por qué no la cantas tú directamente?

—No, en esta noche tienes que brillar tú —dijo Keri—. Pero te diré algo que a mí me sirve, canta para el fondo. No mires a las luces ni mires a la primera fila de asientos.

—Gracias —dijo Millie—, la Srta. Beecher también me dijo eso.

—Oye, ya es nuestro turno —dijo Keri.

Y antes de que se diera cuenta, Millie se apuró a ponerse en la fila. Mientras las dos estaban en la fila, Keri se dio vuelta y le hizo un gesto con sus pulgares hacia arriba. Millie sonrió y pensó: *¡Qué grandioso es tener una amiga que no tiene miedo de compartir el reflector... o su valor!*

Recuerda

Conforten a los que tienen miedo.
1 Tesalonicenses 5:14, LBD

ANIMA A ALGUIEN HOY.

¡Tú puedes hacerlo!

Dar ánimo es poner de tu valor en otra persona. ¿Conoces a alguien que tenga miedo? ¡Haz lo que puedas para animar a esa persona!

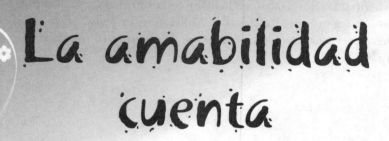

La amabilidad cuenta

El único momento en que puedes dejar de ver
la necesidad de tu prójimo es cuando te agachas
para ayudarlo.

Daphne y Gregory estaban en el patio jugando bádminton. Su mamá les había pedido que jugaran afuera mientras ella terminaba unos informes para la oficina.

A los pocos minutos de haber comenzado el juego, Clifton, el vecino de al lado, apareció en la puerta.

—Hola —dijo.

— No, otra vez él no —dijo Gregory entre dientes.

Por una vez, Daphne estuvo de acuerdo con su hermano.

—Hola, Clifton —dijo—. Lo siento mucho, pero Gregory y yo tenemos que entrar ahora, mamá necesita que hagamos algo. Te vemos luego.

Los niños se fueron. Clifton se quedó solo, parado en el patio, con aspecto muy triste.

Cuando Daphne y Gregory entraron, la mamá estaba parada delante del fregadero de la cocina.

—¿Por qué no invitaron a Clifton a entrar? —les preguntó.

—Él siempre está viniendo —se quejó Daphne.

—Estoy cansado de jugar con él —agregó Gregory.

—Creo que deberían ser más amables con él —dijo la mamá—. Ya saben que sus padres se están divorciando. Clifton todavía no sabe con cuál de ellos va a vivir. Es probable que se sienta solo, confundido y que no es querido. Creo que lo que necesita ahora es uno o dos amigos.

Daphne y Gregory estaban avergonzados por su comportamiento.

—Invitemos a cenar a Clifton, ¿les parece bien? —preguntó la mamá.

—¡Claro qué sí! —consintió Daphne—. ¿Puedo hacer un bizcocho de chocolate y nueces para el postre? Yo sé que a él le gusta.

—Y después de cenar —dijo Gregory—, Clifton y yo podemos jugar con los radiotransmisores que me regaló papá para mi cumpleaños.

Recuerda

Es un pecado despreciar al prójimo; ¡dichoso el que se compadece de los pobres!
Proverbios 14:21

LA AMABILIDAD CUENTA.

¿Cómo crees que Jesús trataría a tu vecino de la casa de al lado? Trata a tus vecinos de la misma manera que lo haría Jesús. Si te parece que esto es difícil de hacer, pídele a Él que te ayude a mostrarles su amor.

Alimenta a Tigger

Todas las criaturas grandes y pequeñas
las creó el Señor Dios.

—¿Le diste de comer a Tigger? —preguntó la mamá.

Tigger era la gata de la familia, una gran gata atigrada que unas semanas atrás la recogieron en un refugio para animales. Ronroneando, Tigger había encontrado su camino hacia la falda y el corazón de todos los miembros de la familia. Era un animal dulce y adorable.

—Después le doy —dijo Angelina—, ahora estoy viendo un programa en la televisión.

Angelina apenas desviaba la vista de la pantalla mientras hablaba.

—Por favor, dale de comer ahora mismo —dijo la mamá—, son las seis de la tarde.

—¿No puede esperar unos minutos más? —preguntó Angelina.

—No —contestó la mamá—, estuvimos de acuerdo en que alimentarías a Tigger antes de cenar. Los animales necesitan poder contar con su comida a ciertas horas.

—Está bien —dijo Angelina.

Tigger estaba siendo un poco más molesta de lo que había pensado. Su mamá también esperaba que ella vaciara la caja sanitaria y la cepillara todos los días.

—Me parece que yo tengo que hacerlo todo —suspiró.

—Angie, hablemos un minuto —dijo la mamá—. Tú fuiste la que quiso tener un gato. Tú fuiste la que eligió a Tigger en el refugio. Tú fuiste la que dijo "yo la cuidaré" aun después de que te explicamos lo que eso significaba. Tú eres quien insistes que la gata es tuya. Cuando Dios nos da un animal para cuidar, Él espera que lo cuidemos, no que lo olvidemos.

—Ya lo sé —dijo Angelina—, solo es que da mucho trabajo.

—Todo lo que amamos —dijo la mamá—, nos da trabajo, incluyendo nuestras relaciones con cada persona que amamos.

Luego se levantó y le dio a Angelina un abrazo mientras le decía:

—La manera en que hoy cuidas a Tigger te va preparando para que algún día puedas cuidar a otras personas, tal vez a una hija.

El que es fiel en lo muy poco, también en lo más es fiel.
Lucas 16:10, RV-60

SER FIEL FORMA AL CARÁCTER.

Cuando cuidas a una mascota o haces una tarea con regularidad sin que te lo recuerden, estás mostrando autodisciplina. Esa es una de las facetas más importantes que puedes desarrollar de tu carácter.

Una capa de amor

Toda buena acción debería estar envuelta en una caja de alegría y atada con un lazo de amor.

—¿Qué has estado haciendo? —le preguntó la tía Jen a su sobrina Skyler, que estaba muy sucia y sudada.

—Apuntándome un montón de buenas acciones —dijo Skyler—. Estuvimos con mi grupo juvenil y el pastor juntando basura y latas de aluminio en la autopista. Un grupo juntaba las latas para reciclar. Otro grupo juntaba papeles y otras basuras. Fue bastante asqueroso.

—Buenas acciones, ¿eh?

—Sí —dijo Skyler—, según lo veo yo, hoy me gané unos cuántos puntos en el cielo.

—¡Ah! —dijo la tía Jen—. ¿Entonces piensas que las buenas acciones se convierten en recompensas celestiales?

—Bueno, ¿no es así? — preguntó Skyler.

—Me gusta cómo trata una mujer ese tema en uno de sus escritos que leí hace una semana —dijo la tía Jen—. La conocían como la madre Teresa y ella trabajaba en la India, cuidando a enfermos terminales, gente muy pobre.

—¡Eso significa un montón de puntos! —dijo Skyler.

—En una oportunidad le preguntaron a la madre Teresa sobre el cielo —dijo la tía Jen mientras buscaba un libro, lo abría y leía esta cita—: "No estoy muy segura cómo será el cielo, pero lo que sí sé es que cuando muramos y llegue el momento en que Dios nos juzgue, Él no nos preguntará: '¿Cuántas cosas buenas has hecho en tu vida?'. Me parece que Él nos preguntará: '¿Cuánto amor pusiste en lo que has hecho?'".

Skyler miró a su tía unos pocos minutos y dijo:

—Me parece que no puse mucho amor en lo que hice hoy, tal vez la semana que viene...

Recuerda

Dios es amor. El que permanece en amor, permanece
en Dios, y Dios en él.
1 Juan 4:16

HAZ TODO CON AMOR EN EL CORAZÓN.

¡Tú puedes hacerlo!

¿Cómo puedes poner amor en cada cosa que haces? Haciendo cada buena acción como si la hicieras para mostrarle tu amor a Jesús.

Las galletitas

No hay peligro de cansarse la vista
por mirar el lado bueno.

William y su amiga Rena estaban disfrutando de un día en la nieve. Rena había ido esa mañana a la casa de William para hacer un muñeco de nieve. La mamá de William les había dado un sombrero viejo, un par de guantes, una bufanda y una zanahoria para la nariz. Los dos niños estaban convencidos que su creación era el mejor hombre de nieve que habían visto.

La mamá de William los llamó para que tomaran chocolate caliente y comieran galletitas dulces recién horneadas. Este estaba siendo un día absolutamente grandioso.

—Mi mamá nunca hace galletitas —dijo Rena—, siempre las compramos hechas. Y nunca me da las cosas para vestir un muñeco de nieve.

—Tu mamá trabaja en el centro, ¿no? —preguntó la mamá de William.

—Sí —dijo Rena.

—Seguro que tiene que levantarse muy temprano para ir a trabajar —adivinó William.

—Sí, se va antes de que yo salga para el colegio. Mi hermano me lleva a la parada del autobús.

—Fue genial cuando vino a la escuela a contarnos cómo es ser abogado —dijo William—. Eso es lo que quiero ser algún día.

—Había olvidado eso —dijo Rena—. Pero me gustaría que estuviera más tiempo en casa.

—Estoy segura que a ella también le gustaría pasar más tiempo contigo y tu hermano —dijo la mamá de William—, siempre la veo en los actos de la escuela. Y el mes pasado fue a la excursión de la escuela contigo.

—Ya sé —suspiró Rena—. Hace un montón de cosas geniales por mí, como cantarme cuando me voy a dormir. ¡Pero me gustaría que hiciera galletitas como estas!

—¿Quién dice que no las puedas hacer tú para ella? —preguntó la mamá de William—. Me parece que eso le gustaría.

—¡Muy bien! —dijo William—. ¡Traeré los pedacitos de chocolate!

Recuerda

Sabemos cuánto nos ama Dios porque
hemos sentido ese amor.
1 Juan 4:16, LBD

TOMA LA DELANTERA CUANDO SE TRATE DE DEMOSTRAR AMOR.

¡Tú puedes hacerlo!

Las personas que nos aman tienen muchas cosas que hacer en sus vidas, así que no siempre pueden hacer lo que quisiéramos que hagan. Eso no significa que no nos amen y no debería impedirnos hacer cosas amorosas para ellos.

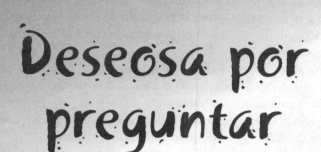

Deseosa por preguntar

Una de las partes más importantes de la sabiduría
económica es saber lo que no sabes.

—¿Qué tenemos aquí? —preguntó la bisabuela mientras Kaylee
le mostraba un videojuego de mano.

—Un juego, abuelita —dijo Kaylee—. Es mi preferido.

—¿Pueden jugar dos personas? —preguntó la abuelita.

—No, solo una —dijo Kaylee.

—Ya veo —dijo la abuelita—. ¿Te parece que es un juego que yo
podría aprender?

—Es divertido, me parece que te gustaría jugarlo —dijo Kaylee.

—¿Me muestras cómo? —preguntó la abuelita.

Kaylee enseguida dijo que sí y comenzó a mostrarle a su bisabuela los botones que tenía que apretar.

La mamá de Kaylee y su tía abuela Lottie secaban los platos en la
cocina y escuchaban cómo la abuelita y Kaylee se reían y hablaban en
el comedor. La tía abuela Lottie era la hermana mayor de la abuelita.

—Ella ha sido así toda su vida —dijo Lottie—. Me parece que
ese es el secreto del porqué siempre tiene un tema nuevo para conversar y que la quieran tanto las personas de todas las edades.

—¿De qué secreto estás hablando? —preguntó la mamá de Kaylee.

—Desde que era muy pequeña, mi hermana nunca tuvo miedo a hacer preguntas. Todo le daba curiosidad —dijo Lottie—. Preguntaba a las personas cuántos años tenían, dónde vivían, a qué se dedicaban, todo, pregunta tras pregunta.

—Muchos niños hacen preguntas —dijo la mamá.

—Sí —dijo Lottie—, pero la diferencia entre muchos niños y mi hermana es que ella se queda para escuchar la respuesta. Si no entiende la respuesta, vuelve a preguntar y de nuevo espera la respuesta.

Lottie continuó:

—Una vez le dije: "¿No sabes ya lo suficiente para el resto de tu vida?". Y ella me dijo: "No sé si ya sé lo suficiente. Yo no sé todo". Siempre pensé que esa es una de las cosas más ingeniosas que he oído decir, y la dijo mi hermana de ochenta y nueve años.

Recuerda

Estima a la sabiduría, y ella te exaltará; abrázala,
y ella te honrará.
Proverbios 4:8

LA SABIDURÍA ES CONSEGUIR LAS RESPUESTAS DE DIOS.

¡Tú puedes hacerlo!

Seis de las mejores preguntas que puedes hacer son: ¿Quién? ¿Qué? ¿Cuándo? ¿Dónde? ¿Por qué? ¿Cómo? No las hagas solamente, escucha sus respuestas.

Consuelo

Consolar la pena de otro hace olvidar la propia.

—No lo conseguí —dijo Carla, mientras su papá le pasaba el brazo por su hombro.

—Tal vez el año que viene, querida —le dijo—. Las estudiantes de los primeros años casi nunca forman parte del equipo universitario de animadoras.

—Ya sé —dijo Carla—. Pero pensé que tenía alguna posibilidad.

—Ayer, antes de la prueba te vi practicando, y también pensé que tenías buenas posibilidades —dijo el papá. Entonces bromeó—: Pero entre nosotros, no me gustaba mucho la idea de todos esos muchachos mirándote con el diminuto uniforme de animadora.

Carla sonrió. Sabía que su papá estaba tratando de hacer que se sintiera mejor y, en realidad, estaba resultando un poco. Luego Carla y su papá se detuvieron en su trayecto al auto. Justo delante de ellos estaba la prima de Carla, Marti, sentada en su auto. Su cabeza y sus manos estaban apoyadas sobre el volante, y estaba sollozando tan fuerte que todo su cuerpo se sacudía.

—Marti tampoco lo consiguió, papá —dijo Carla.

—Tal vez sería bueno que hablaras con ella.

—¿Qué le voy a decir?

—No sé —dijo su papá—. Pídele a Dios que te ayude. No formar parte del equipo de animadoras debe ser difícil para Marti. Sus dos hermanas mayores fueron animadoras y también lo fue su madre cuando estaba en la escuela secundaria. En realidad, sus dos hermanas fueron animadoras líderes. Marti está en el último año, así que ya no tendrá más oportunidades.

—No había pensado en eso —dijo Carla—. Su situación es mucho más dura que la mía. ¿Me esperas?

—Sí, claro.

—¡Espera y ora! —gritó Carla, mientras caminaba hacia el lado del acompañante del auto de su prima mayor, abría la puerta y se sentaba.

Recuerda

Vivan en armonía los unos con los otros;
compartan penas y alegrías, practiquen el amor fraternal,
sean compasivos y humildes.
1 Pedro 3:8

SIENTE LO QUE SIENTEN LOS OTROS.

Por lo general, las personas se entristecen porque han perdido algo que amaban o valoraban mucho. Siempre entrégales tu afecto a los que están tristes.

Verdad u opinión

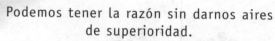

Podemos tener la razón sin darnos aires
de superioridad.

—¡Pero es la verdad! —gritó Georgina.

—Puede ser que sea verdad, pero no necesitabas decirla —le dijo su hermana Lenora.

—Debemos decir la verdad —dijo Georgina y se encogió de hombros como si dijera: *Si alguno no le gusta, peor para él.*

—También debemos ser cariñosas —dijo Lenora—. Das la impresión de ser arrogante y con aires de superioridad. Cuando hablas así, nadie quiere cambiar y hacer lo que está bien. Te tildan de excéntrica.

—Ese es su problema —dijo Georgina aun más a la defensiva—. Yo solo digo lo que veo. El vestido de Deanna era muy corto, tanto de arriba como de abajo. De esa forma muestra demasiado su cuerpo. Usa demasiado maquillaje. ¡Y tú sabes que eso es verdad, Lee!

Justo entonces un pequeño grupo de niñas amish entró a la tienda. Sus cabellos estaban prolijamente peinados en sus gorros blancos; sus vestidos eran muy sencillos de color azul con delantales, mangas largas, cuellos altos y faldas largas. No usaban maquillaje.

Lenora miró a su hermana.

—¿No sientes que estás mostrando demasiado tu cuerpo y que usas mucho maquillaje?

Georgina bajó la mirada.

—La buena noticia para ti —susurró Lenora—, es que estas niñas no se van a ir de la tienda a decirlo por todos lados.

Es probable que sepan que algunas veces criticar las faltas de otras personas es tan malo como cometer la falta que se critica.

Recuerda

Saca primero la viga de tu propio ojo, y entonces verás con claridad para sacar la astilla del ojo de tu hermano.

Mateo 7:5

NO CRITIQUES A LOS DEMÁS.

¡Tú puedes hacerlo!

Puedes distinguir lo que está bien de lo que está mal sin juzgar a las otras personas como buenas o malas. Tú puedes hablar de lo que es adecuado sin menospreciar a la persona equivocada. ¡Pruébalo!

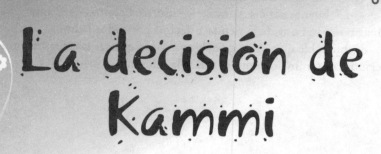

La decisión de Kammi

Sé lenta de lengua y rápida de vista.

Kammi juntó las fotos para el periódico escolar. Ya todos se habían ido, excepto su consejera, la Sra. Compton.

Mientras miraba por la ventana para ver si venía el auto de su tía, vio a su amiga Clarissa en la parte más alejada del estacionamiento de la escuela. En los últimos días, Clarissa había estado actuando de una manera extraña, había estado navegando mucho por Internet y había pasado muchas horas en el cuarto de charla. Clarissa parecía solitaria desde que su mamá había empezado a trabajar de noche.

La semana pasada Clarissa dijo que había conocido a alguien en línea. Su nombre era Franklin, y dijo que sentía que con él podía hablar de cualquier cosa. Sin embargo, cuando Kammi y las otras niñas habían bromeado diciéndole que tenía un novio nuevo, Clarissa, se calló y les dijo que se ocuparan de sus asuntos.

Es raro, pensó Kammi, *Clarissa tenía que venir a la reunión del periódico escolar, pero no vino. Y ahora está en el estacionamiento.*

Justo entonces apareció un auto y se detuvo al lado de Clarissa. Un hombre, no un niño, se bajó del lado del conductor y caminó hacia Clarissa. Kammi los vio hablar por unos pocos segundos, al cabo de los cuales el hombre abrió la puerta del auto y Clarissa subió de mala gana.

A Kammi le pareció que algo no andaba bien. ¿Qué debía hacer? ¿Ser una entremetida y una soplona? La mamá de Clarissa se pondría furiosa si llegara a saber que tenía una cita a sus espaldas. Si lo llegaba a decir, podría ser el final de su amistad y en la escuela todos dirían que era una chismosa.

Kammi tomó una rápida decisión.

«Sra. Compton, acabo de ver algo que me parece que está mal».

La rápida acción de Kammi, le salvó la vida a Clarissa. Franklin era buscado por la policía. Cuando tres días después Clarissa volvió a clases, todos sintieron alivio de verla, y Clarissa estaba agradecida de que tuviera una amiga «entremetida».

Recuerda

Hay muchas maneras en que Dios puede actuar en nuestras vidas, pero siempre es un mismo Dios el que realiza la obra en nosotros y a través de cada uno de los que somos suyos.
1 Corintios 12:6, LBD

CUIDA A TUS AMIGOS.

¡Tú puedes hacerlo!

Ayudar a un amigo a mantenerse a salvo, hace que valga la pena correr el riesgo de que nos llamen entremetidos. Ora por tus amigos todos los días.

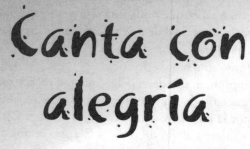

Canta con alegría

Muchos desarrollan todos sus talentos excepto el más importante de todos... la fuerza de voluntad.

—¿Se divirtieron en el coro esta noche? —preguntó la mamá mientras Helene y su amiga Olivia se sentaban en el asiento de atrás del auto.

—¡Estuvo genial! —dijo Helene—. Aprendimos una canción nueva que tiene movimientos de manos. Es divertida cantarla, pero tengo que practicar. Siempre me equivoco.

La mamá sonrió. A Helene le encantaba cantar... pero no siempre era afinada. Le gustaba bailar... pero no tenía mucha coordinación. Sobre todo, Helene amaba al Señor y le encantaba cantar en el coro. La mamá sabía que Helene practicaría con ella todas las noches desde ese día hasta el domingo en la mañana, y que para el domingo, lo haría bien. Lo que a Helene le faltaba de talento, lo suplía con su fuerza de voluntad y entusiasmo.

Olivia se sentó en silencio mientras Helene comenzaba a cantar la nueva canción para su mamá. *Qué contraste*, pensó la mamá. Olivia tenía un gran talento musical, una hermosa voz y muy buen sentido del ritmo. La mamá sabía que Olivia tampoco tendría dificultad en aprender los movimientos de las manos. Aun así, a Olivia no le entusiasmaba la música, ni deseaba practicar, mucho menos actuar.

—Olivia, ¿qué te parece la canción nueva? —preguntó la mamá.

—Es buena —Olivia se encogió de hombros—. Me parece que no voy a ir a la iglesia este domingo. Mi mamá me dijo que podía quedarme en casa y recuperar un poco de sueño.

—¡No, tienes que cantar! —dijo Helene—. Puedes ver ese vídeo viejo que quieres ver en otro momento.

Ajá... se conoce la verdad, pensó la mamá.

—Todos tenemos que hacer elecciones, Olivia. Tenemos que asegurarnos de hacer la elección adecuada cuando se refiere a usar nuestros talentos para agradar a Dios.

Recuerda

Nadie enciende una lámpara para meterla debajo de un cajón.
Todo lo contrario: la pone en un lugar alto para que alumbre
a todos los que están en la casa.
Mateo 5:15, TLA

USA LOS TALENTOS QUE DIOS TE DIO.

¡Tú puedes hacerlo!

Todas las personas son buenas en algo. Descubre en qué eres buena, y desarrolla esa habilidad. Practica ese talento y úsalo como bendición para otras personas.

El tiempo para perdonar

Cuando perdonas, no cambias el pasado,
pero de seguro cambias el futuro.

Sherrie se sentía herida porque LeeAnn había invitado a un grupo de niñas para ir al cine con su mamá, pero no la había invitado a ella.

—¡Pensé que éramos amigas! —le dijo Sherrie a su tía Tandy—. ¡LeeAnn invitó a cinco niñas! Ninguna de ellas la ayuda con sus tareas ni la cubren cuando no quiere que su mamá sepa qué está pasando.

—Ya veo —dijo la tía Tandy—. El problema es que tú sabes demasiado. Es posible que LeeAnn no quiera que abras la boca y su mamá se entere de algo que no quiere que sepa.

—De todas formas... — dijo Sherrie disgustada—. No voy a ser más su amiga.

—No —dijo la tía Tandy—. Ahora es el momento para que seas la mejor amiga que LeeAnn haya tenido. ¿Sabes lo que hace una buena amiga?

—¿Qué?

—Lo primero que hace es negarse a mentir, engañar o cubrir. Llegó el momento en que LeeAnn haga su propia tarea y enfrente las consecuencias de su comportamiento. Y hay una segunda cosa.

—¿Cuál?

—Quien en verdad es un gran amigo, perdona.

—Pero LeeAnn no merece mi perdón —dijo Sherrie—. Y tampoco lo ha pedido.

—No, pero Sherrie, realmente, nadie merece el perdón. Y no, quizá LeeAnn no te pida perdón. Con todo, el perdón no se trata de eso. Perdonar es poner a una persona en las manos de Dios, y decirle a Dios: "Toma, trata tú con ella. Por favor, ayúdame a pasar por esto, y a continuar con mi vida".

—Eso parece difícil de hacer —dijo Sherrie.

—Pero es lo que hay que hacer —contestó la tía Tandy—. Ahora, ¿qué te parece si vamos al cine y a cenar? Salida de mujeres, solo tú y yo.

Perdónense, así como el Señor los ha perdonado a ustedes.
Colonenses 3:13, TLA

PERDONEN SIN ESPERAR NADA A CAMBIO.

¡TÚ puedes hacerlo!

Uno de los mejores regalos que puedes darle a una persona es el perdón. ¿Hay alguien a quien tengas que perdonar hoy?

Cuando das...

Benditos son los que dan sin recordarlo
y reciben sin olvidarlo.

—Estoy avergonzada —dijo Lori mientras tiraba sus libros sobre la mesa de la cocina.

—¿Cómo puedes estar avergonzada tan temprano a esta hora de la mañana? —le preguntó Renee la hermana mayor de Lori.

—Hoy es el cumpleaños de Shelly y lo olvidé por completo. No tengo un regalo para ella. Ni siquiera tengo una tarjeta y ella va a estar aquí dentro de media hora.

—¿Por qué estás tan molesta por eso? No me acuerdo que Shelly te regalara algo por tu cumpleaños.

—Creo que me regaló algo —dijo Lori—. A lo mejor, no. Si es así, no hay problema entonces de que yo no le dé nada. Mamá, ¿te acuerdas si Shelly me regaló algo por mi cumpleaños?

Su mamá, que había escuchado la conversación mientras hacía que leía el diario, dijo:

—Tu abuela me dio una buena lección acerca de dar cuando yo tenía más o menos tu edad.

—¿Qué te dijo? —preguntó Lori.

220

—Dijo que había tres reglas en lo que se refiere a dar. Regla número uno: uno siempre tiene que recordar las cosas lindas que te regalan o hacen por ti. Regla número dos: uno siempre tiene que olvidar las cosas lindas que uno regala o hace a otros. Regla número tres: si olvidas las cosas lindas que otros hacen por ti, inventa cosas lindas que ellos podrían haber hecho.

—¡Eso hace las cosas aun peor! —exclamó Lori.

—No —dijo la mamá—. Todavía hay tiempo. ¿Te acuerdas de ese juego de jabones y esponjas que reservabas para el "balneario" que planeamos tener como fiesta el mes que viene?

—¡Sí! —dijo Lori— ¡Es una gran idea, mamá! Se lo puedo regalar.

—Te buscaré papel de regalo y una tarjeta —dijo la mamá.

Recuerda

Cuando hagas algún bien, hazlo calladamente: no le digas a tu mano izquierda lo que tu mano derecha está haciendo.
Mateo 6:3, LBD

NO LLEVES LA CUENTA.

Regala porque amas, no porque esperas que te retribuyan el regalo.

¡Tú puedes hacerlo!

Tú puedes ser alguien que cambie al mundo

El que influye en el pensamiento de su tiempo,
influye en el tiempo que vendrá.

Solo tenía diez años cuando comenzó a preocuparse por la posibilidad de una guerra nuclear entre su país (EE.UU.) y la Unión Soviética. Por eso Samantha Smith decidió escribir cartas a los presidentes de los dos países. Estaban en 1982 y Samantha era una estudiante común de quinto grado en Maine.

Samantha no supo que los presidentes recibieron sus cartas hasta que un día la llamaron a la oficina del director. Pensando que debía haber hecho algo mal, se sorprendió mucho cuando al llegar supo que tenía una llamada telefónica de un periodista.

El periodista le dijo que sabía que el presidente de la Unión Soviética estaba tratando de localizarla para invitarla a su nación. Samantha no solo fue a la Unión Soviética, sino que también sugirió que todos los años los presidentes de las dos naciones intercambiaran sus nietas por dos semanas, porque le parecía que ninguno de los dos presidentes tiraría una bomba a un país al que podría visitar su nieta. Aunque su sugerencia no se tuvo en cuenta, todo el mundo reconoció a Samantha como representante de la paz.

Fue lamentable, pero Samantha y su papá murieron en un accidente de aviación en agosto de 1985. La pequeña niña que pensó que las personas podían «llevarse bien» se había ido, pero no la olvidarían. El gobierno soviético emitió un sello postal en su honor y bautizó con su nombre un diamante, una flor, una montaña y un planeta. En el estado natal de Samantha erigieron una estatua suya de tamaño natural cerca del capitolio de Maine en Augusta.

En octubre de 1985, la mamá de Samantha creó la Fundación Samantha Smith para subvencionar proyectos que enseñen a las personas acerca de la paz y que fomente la amistad entre niños de todas las naciones. Samantha se distinguió y tú también puedes hacerlo.

Recuerda

Dichosos los que luchan por la paz.
Mateo 5:9, LBD

AYUDA A INSPIRAR CONDUCTAS DE PAZ.

Hazte amiga de personas que crees que son muy diferentes a ti, y disfruta de las cosas que tienen en común. Sé una pacificadora.

No estamos impresionados

A lo mentirosos no se les cree ni cuando dicen la verdad.

—¿Qué te regalaron para Navidad? —le preguntó Mary Beth a Elli cuando regresaron a la escuela después de las vacaciones de invierno.

—Un trineo, una chaqueta y un reproductor de discos compactos —contestó Elli—. ¿A ti qué te regalaron?

—Un teléfono propio y botas nuevas, y para toda la familia, un televisor de pantalla gigante. ¡Es enorme!

Sheryl escuchó la conversación y se les unió.

—Nosotros fuimos a Disneylandia. Mi abuelo tiene un edificio de apartamentos ahí.

—¡Vaya, eso debe haber estado genial! —dijo Elli.

—¿Y qué más hicieron? —preguntó Mary Beth.

—Fuimos a Hollywood y a Los Ángeles.

Mary Beth y Elli estaban impresionadas.

Micaela se acercó hasta donde estaban las niñas conversando.

—Hola, ¿cómo pasaron la Navidad? —preguntó.

Sheryl comenzó a irse.

—Sheryl —dijo Micaela—, me pareció verte en el cine durante las vacaciones.

—Uf, debe haber sido otra persona.

—Estoy segura que eras tú —dijo mientras Sheryl desaparecía por el pasillo.

—Sheryl fue a California en Navidad al edificio de apartamentos de su abuelo; no pudiste haberla visto —dijo Mary Beth.

—¿Estás segura? Su abuelo vive en el vecindario de mi abuela y ella me dijo que vio a la familia de Sheryl en su casa.

La vez siguiente que Elli vio a Sheryl le preguntó:

—Sheryl, ¿en serio fuiste a California?

—No —dijo Sheryl—, lo siento, inventé esa historia. Para ser sinceros, nos quedamos en casa de mi abuelo porque mi mamá está enferma.

—Sheryl, no tienes que inventar historias.

—Lo siento. Me parece que estaba tratando de impresionarte.

—Me gustas tal como eres —dijo Elli—. No tienes que decir una mentira para impresionarme, ni a mí ni a nadie.

Servimos [...] con palabras de verdad y con el poder de Dios.
2 Corintios 6:6-7

DI SIEMPRE LA VERDAD.

*Tus palabras reflejan tu corazón.
Muestra un corazón de verdad en
todo lo que haces.*

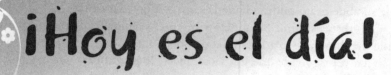

¡Hoy es el día!

[Mientras crecíamos,] sabíamos acerca de los problemas, oíamos de ellos, los veíamos, incluso vivíamos nosotros mismos algunos bastantes difíciles, pero nuestra comunidad nos protegía, poniéndose entre nosotros y los duros golpes para amortiguarlos.

Stuart y Katelyn contaron sus ahorros. Querían hacerle una fiesta de cumpleaños a su papá y no sabían si tenían suficiente dinero.

La mamá siempre había tenido todo bajo control: La comida, la ropa, el llevarlos a la escuela y a los deportes. Compraba los regalos para los cumpleaños. Siempre los animaba en todo. Entonces la mamá se enfermó. El papá tenía que trabajar, cocinar, cuidarlos y cuidar también a la mamá, pero nunca se quejaba. Luego falleció la mamá.

«¿Cómo podemos hacer esto?», dijo Stuart. «Tiene que ser una sorpresa». Sabían que el papá ni siquiera quería pensar en una fiesta.

Finalmente, Stuart y Katelyn decidieron pedirles ayuda a sus vecinos. Todos tenían ganas de participar. Mandaron invitaciones para la fiesta. La Sra. Connally tenía la receta de espaguetis de mamá y el Sr. Connally compraría todos los ingredientes y los guardaría en su casa. Otras personas se ofrecieron a ayudar. Lo más difícil era guardar el secreto.

La noche de la fiesta, los invitados llegaron uno por uno. Todos traían comida y regalos y estacionaron sus autos en otra cuadra. Stuart y Katelyn hicieron la torta como les enseñó su mamá.

Todo estaba preparado. El Sr. Connally les avisó cuando vio venir el auto del papá por la esquina. Todos los invitados se escondieron. Cuando el papá entró todos gritaron:

«¡Sorpresa! ¡Feliz cumpleaños!», y comenzaron a cantar.

El papá miró a Stuart y Katelyn y los envolvió en un gran abrazo.

«¡Ustedes dos son el mejor regalo de cumpleaños que podría desear!», dijo.

Recuerda

Convertiste mi lamento en danza; me quitaste
la ropa de luto y me vestiste de fiesta.
Salmo 30:11

BUSCA LA ALEGRÍA EN CADA DÍA.

¡Tú puedes hacerlo!

Si estás triste por algo, piensa cómo puedes llevarle alegría a otro, luego juntos podrán compartir la alegría.

Desenreda la red

¡Ah, que enmarañada red tejemos cuando
comenzamos a engañar!

—¿Escuchaste lo que hizo Trista? —preguntó Laura—. En la prueba de geografía copió las respuestas de Mackenzie.

—¿De verdad? No parece algo que haría Trista —contestó Madison—. Es lo suficiente inteligente como para sacar buenas notas por ella misma.

—Bueno, tal vez sea así cómo las saca.

—No creo que sea verdad. La mamá de Trista es maestra de escuela. Nunca le permitiría hacerlo.

—Bueno, eso es lo que dice Mackenzie.

Me pregunto si eso es verdad en realidad, pensó Madison, *Trista y Mackenzie siempre están compitiendo por las notas más altas.*

—Deberías saber algo, Trista —dijo Madison—. Algunos dicen que copiaste de la prueba de Mackenzie. ¿Es verdad?

—¡Eso no es verdad en absoluto! ¿Quién diría semejante cosa? —Trista estaba en verdad disgustada—. Mis padres me castigarían por semanas si pensaran que yo hice trampas en un examen. ¿Qué puedo hacer? Se lo diré a la Srta. Pennison.

Una vez que la clase salió al recreo, la Srta. Pennison dijo:

—Mackenzie, Trista dice que alguien le contó que tú estabas esparciendo el rumor de que ella había hecho trampa en el examen de geografía. ¿Lo dijiste?

Mackenzie miró al piso.

—Sí Srta. Pennison, lo hice. Yo quería ser la mejor estudiante del curso, y pensé que Trista no sería la mejor si la gente creía que había hecho trampa en el examen.

—Mackenzie, eso estuvo muy mal. ¿Lo sabes?

—Sí, señora, lo siento, lo siento mucho.

—Debes disculparte con Trista. Lo lamento, **pero** tendré que hablar con tus padres de este asunto.

—Lo sé —dijo Mackenzie sabiendo que iba a tener problemas por todos lados.

—Lo lamento, no volverá a pasar, lo prometo.

Recuerda

Si ustedes tienen envidias amargas y rivalidades en el corazón,
dejen de presumir y de faltar a la verdad.
Ésa no es la sabiduría que desciende del cielo.
Santiago 3:14-15

MENTIR NUNCA TE PONE PRIMERO.

¡Tú puedes hacerlo!

Defiende la verdad. Cuestiona la información sobre otras personas que no te parezca que sea cierta.

Jóvenes damas de honor

Cuando uno no tiene lo que le gusta,
a uno debe gustarle lo que tiene.

La tía Megan se casaba y Blythe y Kelsey estaban emocionadas. Las dos iban a formar parte de la boda como jóvenes damas de honor. Era muy divertido, vestidos y zapatos nuevos, citas en peluquerías y fiestas. Las hermanas contaban los días. La tía Megan era su tía favorita y querían que todo fuera perfecto.

El día de las grandes compras, Blythe y Kelsey fueron con la mamá y la tía Megan a elegir los vestidos. Sin embargo, no podían ponerse de acuerdo en cómo debían ser los vestidos. Blythe quería un vestido blanco y Kelsey quería uno púrpura. A la tía Megan le gustaba un vestido que en definitiva no era del gusto de ninguna de las dos niñas.

¿Qué iban a hacer? Habían pensado que esto iba ser divertido y no lo estaba siendo. ¿Cómo podían llegar a una decisión?

«Blythe y Kelsey», dijo la mamá, «vengan un momentito conmigo. Necesitamos hablar. Solo tendrán que usar el vestido una vez. ¡Este es el gran día de la tía Megan para ser la estrella!»

«Me parece que está bien. Nunca hemos sido jóvenes damas de honor y queríamos parecer adultas».

Blythe y Kelsey estuvieron de acuerdo en usar los vestidos elegidos por la tía Megan. Se resolvió el problema y se compraron los vestidos.

El día de la boda de la tía Megan, Blythe y Kelsey se pusieron sus vestidos nuevos. Estaban emocionadas aunque los vestidos no fueran justo los que querían. La tía Megan era una novia hermosa.

Mientras el fotógrafo les sacaba las fotos, les dijo a Blythe y Kelsey:

«Nunca he visto jóvenes damas de honor más hermosas. Voy a pedirles permiso a sus padres para usar sus fotos en un concurso fotográfico».

¡Blythe y Kelsey estaban muy sorprendidas! «Está bien por nosotras», dijo Blythe. «¿Nos avisarás si ganas?»

Recuerda

El egoísta busca su propio bien;
contra todo sano juicio se rebela.
Proverbios 18:1

NO PIENSES SOLO EN TI.

¡Tú puedes hacerlo!

Si hoy no estás de acuerdo con algunas personas, trata de comprender la situación desde el punto de vista de ellas y cómo las beneficia.

¡La vida es como un rompecabezas!

Cuando Dios arma el rompecabezas, todo encaja.

—Oigan, aquí hay una pieza... me parece que va acá. Bueno, casi —dijo Alex.

—Busquen las piezas que tengan lados rectos, así podemos armar primero los bordes del rompecabezas. Eso hará que sea más fácil llenarlo con el resto de las piezas —dijo el papá.

—Ahora juntemos las piezas que tengan colores parecidos. Deberían ir más o menos por la misma parte del rompecabezas —agregó la mamá.

En esta fría noche de nevada, la familia Marsden estaba trabajando en un rompecabezas de dos mil piezas, ¡la tapa de la caja mostraba la foto de una pizza! Todas las piezas parecían iguales, pero para cada lugar había solo una pieza que encajaba con exactitud. Eso significaba que ninguna de las otras servía para ese lugar.

—Me alegro que tengamos muchas palomitas de maíz y chocolate caliente —dijo Kiersten.

—¿Por qué los rompecabezas son tan... bueno, rompecabezas? —preguntó Alex.

—Ese es el asunto —dijo la mamá—. Son un desafío. Lo más importante para completar un rompecabezas es... no darse por vencido. Se debe seguir haciéndolo, seguir intentándolo.

—Todos los días nos enfrentamos a situaciones que parecen rompecabezas —agregó el papá—. Hay cosas que no entendemos. Hay problemas que no se solucionan. A lo mejor, la matemática es nuestro mayor problema.

—O la gramática. Simplemente no tiene sentido —saltó Kiersten—. ¿Ciencia? ¡Olvídalo!

—¿Pero qué es lo que se necesita para solucionar un problema? —preguntó la mamá—. No rendirse. Continuar intentando. Si tienes una duda, pide ayuda. Continúa buscando y encontrarás.

Justo en ese momento, Alex encontró una pieza que encajaba, y toda la familia lo aclamó.

Pero ustedes, ¡manténganse firmes y no bajen la guardia, porque sus obras serán recompensadas!
2 Crónicas 15:7

¡NO TE RINDAS!

¿Estás tentada a darte por vencida? ¿En realidad deseas alcanzar esa meta? Si es así, no te rindas y encontrarás una manera diferente de solucionar el problema que te tiene desanimada.

Cuando se sigue al líder

No puedo y no iré en contra de mi conciencia
para estar a la moda de este año.

—Mamá, no tengo nada lindo que ponerme para el comienzo de clases este año. ¿Puedo comprar alguna ropa nueva? —preguntó Kristi. Parecía muy ansiosa de comenzar el séptimo grado.

—Miremos qué tienes en tu ropero y qué puedes usar.

—En realidad necesito unos vaqueros nuevos y un par de camisetas. Y necesito zapatos nuevos.

—¡Ajá! —dijo la mamá—. Aquí hay algunos vaqueros del año pasado. ¿Todavía tienen el largo suficiente? Creciste durante el verano.

—Estos estaban de moda el año pasado. No quiero usarlos.

—Solo pruébatelos y veremos. Sí, te quedan un poco cortos. Podemos ir a hacer compras mañana.

Kristi y su mamá fueron al centro comercial, y Kristi encontró los vaqueros que quería.

—Me gustan estos. Son los que todas están usando.

—Puedes probártelos, pero me parece que son de tiro demasiado bajo. A tu papá no le gusta que uses pantalones de tiro tan bajo. Seguro que podemos encontrar algún otro.

—Mamá, esto es lo que todas las niñas están usando, ¡y es séptimo grado!

—Tienes que considerar lo que piensa tu papá. A él le importa tu apariencia y la ropa que usas. Es importante para él, porque tú eres importante para él.

—Ya sé mamá, pero...

—No es fácil ir en contra de la corriente —admitió la mamá—. Pero me parece que otros vaqueros te quedarán mucho mejor. Pruébatelos. Y además... ¿por qué no ser alguien que impone estilos en lugar de ser alguien que sigue la moda?

Recuerda

En cuanto a las mujeres, quiero que ellas se vistan
decorosamente, con modestia y recato.
1 Timoteo 2:9

NO SEAS ESCLAVA DE CADA MODA NUEVA.

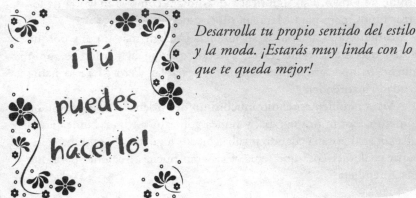

¡Tú puedes hacerlo!

Desarrolla tu propio sentido del estilo y la moda. ¡Estarás muy linda con lo que te queda mejor!

Un hermanito especial

Desde el comienzo, la discapacidad enseñó que la vida podía ser reinventada. En realidad, se necesitaba ese punto de vista.

Arden nació cuando Mara tenía cuatro años. Al principio pensaron que no lograría vivir, tenía una abertura en el corazón y eso daba miedo. Pero él sobrevivió a la cirugía y a los medicamentos.

Ahora, la familia estaba festejando el cuarto cumpleaños de Arden. Era sorprendente. Estuvo muy enfermo y ahora estaba bien... bueno, casi. En realidad, Arden era un niño especial. Nació con síndrome de Down. Eso significaba que no era como la mayoría de los otros niños, pero para Mara era súper especial.

Arden era la alegría de su familia. Estaban más unidos porque Arden necesitaba ayuda extra, y todos querían ayudarlo. Le tomó mucho tiempo aprender a caminar y a hablar. Pero Mara lo había ayudado a aprender.

Mara también aprendió muchísimo de Arden. Él siempre estaba contento, casi nunca lloraba, y nunca golpeaba a Mara. Nunca arrojaba cosas ni gritaba cuando jugaba con sus juguetes. Le gustaba compartir cualquier cosa que tenía. Esas eran buenas lecciones para que ella aprendiera.

Mara tenía que ir más despacio para jugar con Arden. Él no podía caminar muy rápido, ni podía patear muy bien la pelota. Aun así, tenía esa enorme sonrisa cada vez que jugaba con él. Siempre sonreía y eso la hacía sonreír también.

Hasta la perra Labrador de la abuela quería a Arden. Missy nunca permitió que nadie se le subiera a caballito... excepto Arden cuando era pequeño. No le molestaba que le tirara de la cola ni que se subiera a su lomo. Missy siempre fue amable y buena con Arden, como si también supiera que era un niño especial.

Mara se daba cuenta que la gente los miraba de una manera especial cuando estaban con Arden. Mara pensaba que tal vez ellos también querrían tener un niño especial como Arden.

Recuerda

¡Levanta la voz por los que no tienen voz!
¡Defiende los derechos de los desposeídos!
Proverbios 31:8

CADA PERSONA TIENE UN DON.

¡Tú puedes hacerlo!

¿Conoces a alguna persona con capacidades reducidas? Trata de conocerla más y pasa algo de tu tiempo con ella. ¡Serás bendecida!

¡Yo primero!

No nos llenemos demasiado de nosotros mismos.
Dejemos espacio para que Dios entre en la habitación.

El abuelo y la abuela de Rebecca iban a venir a visitarlos. Cuando llegaron, ella corrió a abrazarlos.

«¡Abuela, abuelo, como nos vamos a divertir! Tengo un montón de planes para nosotros».

A la mañana siguiente se levantaron temprano.

—Abuela, abuelo, vamos. ¡Ya estoy lista para ir al acuario! —gritó Rebecca.

Eran las nueve de la mañana y ya tenía todo preparado para ese día.

—¡Vaya! Miren esos peces y miren esto aquí. Miren las anguilas. Vamos a ver los tiburones —dijo Rebecca mientras salía corriendo.

—Tranquilízate Rebecca, así tus abuelos pueden ver todos los peces.

—¡Estoy lista para ir al centro comercial! —Rebecca iba rumbo a la salida del acuario.

El auto estaba caliente de estar al sol.

—Dejemos las ventanillas abiertas, así podremos sentir la brisa —dijo Rebecca.

—Rebecca, tus abuelos necesitan el aire acondicionado, hace demasiado calor para ellos.

—Bueno, pero quiero mi ventanilla abierta.

—Rebecca, hoy no. Hace demasiado calor. Por favor, cierra tu ventanilla.

Cuando llegaron al centro comercial, Rebecca dijo que necesitaba un traje de baño nuevo y patas de rana.

—Después que lo compremos, estaremos listos para el almuerzo. Rebecca eligió un traje de baño.

—¡Tengo hambre! —dijo—. Me encanta la pizza. ¡Comamos pizza!

—Encontremos un lugar en el que podamos comer todos, Rebecca. Tus abuelos preferirían comer un sándwich en vez de pizza.

—¡Yo no quiero sándwiches, yo quiero pizza!

—Rebecca, tus abuelos vinieron a visitarte, no a entretenerte —dijo su mamá—. Es hora de ir a casa. Volveremos a salir cuando estés preparada a considerar los deseos de los otros, en especial de los que te quieren.

Recuerda

Consideren a los demás como superiores a ustedes mismos.
Filipenses 2:3

CONSIDERA PRIMERO A LOS DEMÁS.

¡Tú puedes hacerlo!

¿Deseas hacer siempre lo que tú quieres? Pídele a Dios que te ayude a pensar primero en los otros.

Déjalo ir

Debes elegir perdonar a quien te haya hecho mal.
El perdonar no es una emoción, sino una decisión
de la voluntad.

Donna y su hermano Carl disfrutaban mucho ir al campamento de verano de la iglesia. El campamento estaba a ochenta kilómetros de la casa, lo cual los hacía sentir que eran adultos e independientes.

Su mamá les ayudó a armar sus maletas y los llevó en el auto hasta el campamento. Donna saludó a varias de sus amigas mientras entraba al dormitorio de las niñas. Terminó pronto de desempacar y de hacer su cama. Ella y Carl le dieron un abrazo de despedida a su mamá y comenzaron la rutina del campamento.

Una tarde, Donna entró al dormitorio a cambiarse de ropa y encontró una toalla mojada sobre su cama. Parecía de Sheila, quien dormía en la cama de arriba. Donna la colgó del toallero.

Al día siguiente, Donna encontró el traje de baño de Sheila mojado sobre su cama. Donna también lo colgó. Una de las niñas se dio cuenta y le preguntó:

—¿Por qué no le gritas a Sheila? Está desordenando y ensuciando tu cama.

—Está bien —dijo Donna—. Puedo resolverlo.

Donna decidió hablar con Carl.

—Creo que quiere ver cómo reaccionas —dijo Carl—. Oremos por ella y pidámosle a Dios que arregle esto.

Los dos inclinaron sus cabezas.

Al día siguiente, pasó algo inesperado.

—Donna, necesito hablar contigo —dijo Sheila—. Quiero disculparme por dejar cosas mojadas sobre tu cama. Estaba de muy mal humor, y me las tomé contigo.

—¿Te sientes mejor ahora? —preguntó Donna.

—Sí. Anoche, mientras estábamos en el estudio de la Biblia, me di cuenta que Dios quiere que saque todas las cosas malas de mi vida, y dejar que Él se ocupe de todo.

—Esa es una gran idea —le dijo Donna—. Te puedo decir por experiencia propia que dejarlo todo en sus manos da resultados de verdad.

Recuerda

El Señor es clemente y compasivo, lento para la ira
y grande en amor.
Salmo 103:8

ORA POR LOS QUE TE HACEN ENOJAR.

¡Tú puedes hacerlo!

Cuando Jesús estaba clavado en la cruz, podría haber gritado a los que lo pusieron ahí. En cambio, Él dijo: «Padre, perdónalos». De esa manera debes tratar a las personas que te lastiman.

Dólares y sentido común

Una monedita ahorrada es una monedita ganada.

—Scott tiene las cosas más lindas. Tiene la mejor bicicleta y los mejores juegos para la computadora. Tiene todo —se quejó Susie con sus padres.

Aunque Susie era mayor que Scott, no había aprendido a administrar bien el dinero.

—Susie, recibes más dinero que Scott porque eres mayor y haces más tareas —dijo su papá—. Lo que pasa es que Scott cuida más el dinero.

—Puedes hacer tu presupuesto y llevar la cuenta de cada centavo que ganas y gastas. Eso te ayudará a saber en qué usas tu dinero —sugirió la mamá.

—Parece aburrido, pero lo voy a hacer —acordó Susie.

—Comienza con el dinero de esta semana —dijo el padre.

Entonces le mostró cómo hacer una tabla para llevar la cuenta del dinero que tenía, cuánto había gastado y cuánto tenía que gastar.

—Es fácil. Solo recuerda anotarlo.

Dos días después el padre le preguntó:

—¿Cómo vas con tu contabilidad, Susie?

—Solo tengo $6 de los $10 de mi dinero semanal.

—¿En qué gastaste el dinero?

—Bueno, compré algunos refrescos al salir de la escuela. Después compré dos barras de caramelos al grupo juvenil que está juntando dinero para las misiones. Ah, y me compré una hebilla nueva para el pelo.

«Ahora que veo a dónde se va mi dinero, puedo elegir mejor. Puedo elegir entre un refresco o ahorrar para comprar algo realmente lindo», entendió de pronto Susie.

El que es tonto no acepta que su padre lo corrija,
pero el que es sabio acepta la corrección.
Proverbios 15:5, TLA

GASTA TU DINERO CON SABIDURÍA.

Ahorra dinero no gastándolo. Así tendrás suficiente para lo que realmente quieras.

Cuídate

La salud es mejor que la riqueza.

Betsy no podía entender por qué alguien querría levantarse a la cinco y media de la mañana los sábados, en especial en invierno. Sin embargo, su papá lo hacía todas las semanas. Se ponía su traje de correr, sus zapatillas deportivas y hacía su rutina de cinco kilómetros. Y no lo hacía solo los sábados. ¡Lo hacía varias veces a la semana! También iba a un gimnasio a levantar pesas.

—Papá —le preguntó Betsy un día—, ¿por qué haces esto? ¿No te cansas de levantarte tan temprano? ¿Y cómo puedes correr cuando hace tanto frío? ¿No preferirías quedarte en la cama y dormir?

El papá le sonrió.

—Déjame preguntarte esto —dijo—. ¿Cuando seas mayor, en qué estado físico te gustaría estar?

—En buen estado.

—¿Y qué harás para mantenerte así hasta que seas mayor?

—Supongo que no comeré demasiado —dijo Betsy.

—La dieta es importante —estuvo de acuerdo el papá —, pero también tienes que hacer ejercicio físico. Tienes que hacer que tu corazón, tus pulmones y tus músculos trabajen para que se mantengan saludables y fuertes.

—Pero no me gusta hacer ejercicio —se quejó Betsy.

—Tienes que encontrar algo que en realidad te guste hacer...

—Como jugar tenis —interrumpió Betsy.

—Exacto, o puedes montar en bicicleta o jugar baloncesto, o nadar...

—¿O salir a correr? —preguntó Betsy haciendo una mueca.

—Sé que hago algo bueno por mi cuerpo, y también me hace sentir bien el saber que pude cumplir con la meta que me había propuesto de correr cinco kilómetros —dijo el papá.

—Tal vez algún día salga a correr como tú —dijo Betsy—, pero por ahora, me parece que me quedo con el tenis.

Recuerda

¿No saben que ustedes son templo de Dios y que el Espíritu de Dios habita en ustedes?
1 Corintios 3:16

CUIDA TU CUERPO.

Dios nos ha dado cuerpos sorprendentes para que usemos mientras estemos en la tierra. Nuestro trabajo es cuidarlos hasta que tengamos nuevos cuerpos en el cielo.

¡Tú puedes hacerlo!

Todos ganan

El orgullo mata el agradecimiento, pero una mente
humilde es el suelo en el que las gracias crecen
de forma natural.

Cada fin de semana alterno era una lata. Esther, la hermanastra
de Alice, venía a visitar a su padre. Lo que hacía las cosas peores era
que Esther y Alice eran de la misma edad. Y lo que hacía que las cosas
fueran imposibles era que Esther siempre sacaba muy buenas notas y
que aunque Alice se esforzaba muchísimo apenas le alcanzaba para
aprobar.

Esther era muy buena en la mayoría de las materias, pero Alice
también tenía sus talentos. Era un genio en la computadora y excelente en fútbol. Durante la temporada de fútbol, vivía, comía y respi-
raba fútbol.

Había un problema, y era uno grande. Si Alice no mantenía buenas calificaciones en la escuela, no podía jugar fútbol. Tenía un examen de inglés muy importante la semana próxima y si no lo
aprobaba, podía colgar sus botines.

«Alice», le dijo su padre, «tienes que estudiar para tu examen de
inglés de la semana que viene. Esther es muy buena en inglés, tal vez
ella pueda ayudarte».

Luego salió a buscar a Esther para que pasara el fin de semana
con ellos.

Las cosas iban de mal a peor. Alice no quería que Esther supiera que ella necesitaba su ayuda.

Esther y su padre llegaron a la casa para la hora de cenar.

—Alice —preguntó Esther—, ¿cómo te va en la escuela? ¿Jugarás fútbol este año?

—Seguro —contestó Alice, sospechando que sabía algo y se burlaba.

—Yo estoy luchando con mi clase de computación. Realmente no logro entender nada de esa clase —dijo Esther.

Alice tuvo una idea.

—Esther, hagamos un trato, yo te ayudo con computación y tú me ayudas con mi examen de inglés.

—¿En serio? —preguntó Esther—. ¡Vaya! Eso sería genial. Estoy segura que si tú me ayudas por fin podré entenderlo.

Alice estaba impresionada porque Esther necesitaba ayuda. *¡Esto podría resultar para las dos!*, pensó.

Recuerda

El orgullo precede a la ruina.
Proverbios 16:18, LBD

LA AYUDA SIEMPRE ESTÁ DISPONIBLE.

¡TÚ puedes hacerlo!

Si necesitas ayuda, trágate tu orgullo y admite que la necesitas. Entonces, busca la forma la encontrarla.

Haz el papel

La felicidad no consiste en tener lo que uno quiere,
sino en querer lo que uno tiene.

Los carteles estaban por toda la escuela anunciando la próxima gran producción teatral: «Cenicienta». No podría decirse que los niños hicieran fila a fin de que los probaran para el papel del príncipe, pero todas las niñas de sexto grado suspiraban por ser Cenicienta.

En los dos últimos años, Pamela había hecho los papeles principales en las obras de la escuela. Era buena siguiendo las órdenes del director y excelente memorizando sus líneas. Por supuesto, se presentaría para obtener el papel principal de Cenicienta y, desde luego, lo obtendría.

Pero no lo obtuvo. Cuando se conoció la lista del elenco, descubrió que su papel sería el de una de las hermanastras malas. Para hacer las cosas peores, querían que usara una gran nariz postiza como parte de su disfraz. Sería el hazmerreír de toda la escuela.

—¡No lo haré! —le dijo Pamela a su mamá mientras conversaban sobre la obra—. Yo debería hacer el papel principal, soy la mejor actriz. Dijeron que le daban el papel a Macie porque tenía la apariencia física justa. ¡Yo también la tengo! Podría usar una peluca rubia.

—Creo que te dieron el otro papel porque necesitaban a alguien que pudiera ser graciosa —le dijo su mamá—. Ser actriz cómica es mucho más difícil que ser actriz seria. No cualquiera puede hacerlo. Tú probaste que podías serlo en la obra del año pasado. No eras la estrella principal, pero todos comentaban el buen trabajo que hiciste.

—En realidad quería ser Cenicienta —suspiró Pamela—, pero me parece que hay algo bueno en no haber obtenido el papel.

—¿Qué es? —preguntó la mamá.

—¡Qué no tendré que fingir que estoy locamente enamorada del niño que hace de príncipe!

Recuerda

Cada uno de nosotros ha recibido los dones
que Cristo le ha querido dar.
Efesios 4:7, DHH

HAZ LO QUE MEJOR HACES.

Dios tiene algo especial para cada uno de nosotros. Pídele y entonces sigue su dirección. Eso nos traerá la mayor felicidad que podamos conocer.

Malabarismos

No es suficiente estar ocupados como las hormigas.
La pregunta es: ¿En qué estamos ocupados?

Era importante para Alisha estar siempre dispuesta cuando la necesitaban sus amigos. También quería que su mamá supiera que podía contar con ella para ayudar en las tareas de la casa.

El papá sabía que Alisha siempre estaba contenta de ayudarlo a lavar el auto y ocuparse del jardín.

Alisha era muy buena alumna, pertenecía al Club de Niñas, estaba en el equipo de gimnasia y participaba mucho en el grupo de niños de la iglesia. Al final de una semana en que estuvo especialmente ocupada, Alisha se sentía malhumorada. Le gritó a su hermanito por una tontería, se encerró en su habitación, y se puso a llorar. Se tiró en la cama y se quedó dormida, ¡en la mitad del día! ¡Esto era muy raro en ella! Y cuando se despertó una hora después, no tenía ganas de hacer nada.

Su mamá golpeó con suavidad a la puerta de Alisha. Todavía refunfuñando, Alisha la dejó entrar.

—¿Qué te pasa? —preguntó la mamá.

—Nada —dijo Alisha—. Solo quiero que me dejen sola.

La mamá asintió con sabiduría.

—Estás desequilibrada —le dijo.

Alisha parecía confundida.

—Has estado haciendo demasiado —dijo la mamá—. Estás desgastada. Necesitas un descanso. Tal vez es el momento de que dejes algunas de tus actividades.

Alisha no quería abandonar ninguna de sus actividades, pero reconocía que estaba exhausta.

—Tal vez podría dejar de hacer gimnasia todos los días, o no ir tanto al Club de Niñas o... —rió con nerviosismo—, no ayudar con la cena todas las noches.

La mamá se rió.

—¡Trato hecho! No quiero que te quedes dormida en la mitad de la comida.

—No —dijo Alisha—. ¡No querría perderme el postre!

Y todo lo que hagan, de palabra o de obra,
háganlo en el nombre del Señor Jesús,
dando gracias a Dios el Padre por medio de él.
Colosenses 3:17

TÓMATE ALGÚN TIEMPO LIBRE.

Dios tiene mucho trabajo para que hagamos, pero nunca pide que hagamos tanto que nos desgastemos. Podemos estar agradecidos de tener tan buen jefe.

¿De quién eres hijo?

Tú eres mío y yo soy tuyo. Así sea. Amén.

—¿De quién eres hijo? —preguntó la mamá en un tono de voz que parecía de animadora.

—¡Yo soy uno de los hijos de Williams! —gritaron los tres niños desde el asiento de atrás pareciendo también animadores.

—¿Quiénes son una familia?

—¡Nosotros somos una familia! —contestaron contentos los niños.

—¿Y qué hacen los miembros de una familia?

—¡Se aman! —gritaron los niños.

—No olviden eso —dijo la mamá ya con una voz normal—. Recuérdenlo todo el día.

La familia decía eso todos los días mientras iban a la escuela. Un día el hijo del medio de los Williams, Torry, le preguntó a su mamá:

—¿Por qué hacemos esto todas las mañanas?

—Porque quiero que ustedes sepan que la familia es muy importante —le respondió la mamá—. Tú perteneces a alguien que te ama y te cuida. Tienes un hermano y una hermana que te pertenecen.

Tienes que amarlos y cuidarlos. Y lo más importante de todo, quiero que sepas que eres valioso.

—¡Oye, mamá! —dijo Torry—, te pareces a mi maestra de la Escuela Dominical. Nos dice las mismas cosas sobre Dios.

—¡Me acabas de dar una idea! —dijo la mamá—. ¡Vamos a agregar esa línea! ¿Quién ama a la familia Williams y a quién ama la familia Williams? —gritó la mamá, usando de nuevo su voz de animadora.

—¡Dios! —gritaron los tres niños desde el asiento de atrás.

—Ahora, nunca olviden eso —dijo la mamá—. ¡Recuerden eso todo el día!

Haré de ustedes mi pueblo; y yo seré su Dios.
Éxodo 6:7

DIOS ES NUESTRO PADRE CELESTIAL.

Es más fácil amar a las otras personas cuando recordamos que Dios también es su Padre celestial. Y todos podemos ser parte de su familia celestial.

En la casilla adecuada

No solo uso toda la inteligencia que tengo,
sino también toda la que puedo pedir prestada.

—No puedes mover tu reina de esa manera —le dijo Craig a su hermana menor—. Te lo dije, no puede saltar sobre las otras piezas.

Estaban jugando al ajedrez y Craig era muy bueno en eso. Teddi no. Ella no podía recordar los movimientos que podían hacer las piezas. Trató de poner su alfil en la casilla equivocada, y olvidó que el rey podía mover solo una casilla cada vez.

—Tienes que pensar antes de mover tus piezas —le dijo Craig—. Te dije que anotaras cómo puedes mover las piezas y siempre tratas de mover demasiado pronto.

Craig continuó enumerando las cosas que hacía mal. Teddi comenzó a sentirse frustrada y dijo:

—Dejemos de jugar ahora, estoy cansada.

Cuando el papá llegó a casa del trabajo, vio el tablero de ajedrez y le preguntó a Teddi si quería jugar un partido con él.

—No, gracias —le dijo—. No soy buena jugando. Pídeselo a Craig. Nunca seré buena en esto.

—¿Es eso lo que dijo Craig? —preguntó el papá.

—No, pero me critica todo el tiempo.

—¿Te critica o trata de ayudarte a aprender?

—Me critica —insistió Teddi.

—¿Tiene sentido lo que dice?

—Ss...sí —admitió Teddi.

—Tal vez seas como yo, no te gusta que te muestren lo que haces mal —dijo el papá.

—Tal vez —suspiró Teddi—. Me gusta el ajedrez y quiero aprender.

—Entonces, ¿por qué no sigues algunos de los consejos de Craig y ves lo que pasa? —preguntó el papá.

—Está bien —dijo Teddi—. Podría probar otra vez mañana. Quizá dentro de un tiempo no muy lejano sea lo bastante buena como para poder ganarle.

¿Quién ha visto que el estudiante sabe más que el maestro?
Claro, si se esfuerza puede llegar a igualarlo.
Lucas 6:40, LBD

APRENDE A ACEPTAR LOS CONSEJOS.

En algunas ocasiones, otras personas saben más que nosotros sobre ciertas cosas. Es sabio escucharlas y aprender de ellas.

Modales celestiales

 El que siembra cortesía cosecha amistad.

¿Por qué siempre tengo que decir por favor y gracias? —se quejó Lesley—. Y más que nada, ¿por qué se lo tengo que decir a Bryce, si es de la familia?

—Es parte de ser cortés —les dijo la mamá a sus dos hijos que parecían muy ansiosos de discutir esa mañana en particular.

—¿Pero por qué tenemos que ser corteses? —preguntó Bryce—. Casi nadie más lo es. Nadie es muy cortés en el centro comercial ni en el campo de béisbol.

La mamá decidió que ese era el momento adecuado para una seria charla. Se sentó con los dos niños a la mesa del desayuno y dijo:

—En primer lugar, los buenos modales ayudan a que personas que no se conocen se hagan amigas. Cuando eres amable con alguien y dices palabras como por favor y gracias, muestras respeto y en la mayoría de los casos también te respetarán. Esa es la mejor forma de entablar una amistad, respetándose los uno a lo otros.

Pero luego la mamá continuó:

—Y, además, los buenos modales aquí en la tierra son solo una práctica de lo que haremos en el cielo.

—¿Tendremos que tener buenos modales en el cielo? —preguntó Bryce.

—Seguro —dijo la mamá—. Es una de las cosas que nunca terminan.

—¿Pero para qué? —preguntó Lesley.

—¡Para saludar a todas las almas con las que nos vamos a encontrar cuando nos crucemos caminando por las calles de oro del cielo!

Recuerda

Si es posible, y en cuanto dependa de ustedes,
vivan en paz con todos.
Romanos 12:18

LOS BUENOS MODALES ESPARCEN PAZ.

¡Tú puedes hacerlo!

Cuatro de las mejores frases que puedes aprender son: «Por favor», «Gracias», «Lo siento», «Por favor, perdóname». ¡Úsalas a menudo!

¡Sorpresa!

Si no quieres que tu enemigo conozca tu secreto,
no se lo cuentes a tu amigo.

Dean y Cassidy escucharon a su padre hablando por teléfono con la tía Jo.

—¡Esta es una gran sorpresa! Liz va a estar muy sorprendida de verte. Estoy ansioso. Te prometo que no le voy a decir nada. Será doblemente divertido sorprenderla.

El padre vio a Cassidy parada en la puerta.

—Cassidy, ¿escuchaste de lo que estábamos hablando?

—¿Estás planeando una fiesta de cumpleaños para mamá? —preguntó—. ¿Va a venir la tía Jo?

—Sí, y la tía Jo y yo queremos que sea una sorpresa. Será más divertido de esa manera. Cassidy y Dean, ¿pueden guardar el secreto?

—Seguro, papá. Queremos ser parte de la diversión de mamá.

Todavía faltaban dos semanas para la fiesta. Cassidy estaba entusiasmada porque quería a la tía Jo y al tío Larry. ¡Qué divertido iba a ser! Pero era muy difícil no contárselo a mamá.

—Mamá —dijo Cassidy una mañana mientras estaban desayunando—. ¿Qué es lo que más te gustaría para tu cumpleaños? —le preguntó.

—¡Vaya! —contestó la mamá—. No se me ocurre qué podría ser.

—Papá tiene una sorpresa para ti y es algo que quieres. Comienza con las letras «J» y «L» —le sugirió Cassidy.

La madre adivinó enseguida de qué se trataba, pero no dijo nada.

—Cassidy, si es una sorpresa, dejemos que lo siga siendo. Eso es lo más divertido de las sorpresas.

—Esta bien, mamá.

Llegó el día de la fiesta. La tía Jo, el tío Larry y los amigos de mamá estaban en el restaurante cuando llegaron Cassidy, Dean y sus padres.

—¡Sorpresa! —gritaron todos.

La mamá actuó como si estuviera sorprendida... pero Cassidy se sintió mal. Rompió la promesa que le hizo a su papá.

Recuerda

La gente chismosa revela los secretos;
la gente confiable es discreta.
Proverbios 11:13

NO CUENTES TUS SECRETOS.

¡Alguien te ha contado un secreto? No lo olvides... ¡es solo para tus oídos!

¡Tú puedes hacerlo!

Conversación con Dios

Cuando hayas leído la Biblia, sabrás que es la Palabra de Dios, porque habrás encontrado en ella la llave de tu propio corazón, tu propia felicidad y tu obligación.

—¿Qué estás haciendo? —le preguntó Peter a su hermana mayor, Hannah.

—Leyendo mi Biblia —dijo Hannah.

Ella acomodó un almohadón e invitó a su hermano a sentarse a su lado. Hannah en realidad quería a su hermanito y sabía que él la adoraba. Aunque se llevaban cinco años, disfrutaban muchos momentos divertidos.

—¿Vas a ser una predicadora como el pastor Thomas? —preguntó Peter.

—No —dijo Hannah—. La Biblia está para que la lean todas las personas, hasta los niños y las niñas.

—¿Por qué? —preguntó Peter.

—Es como tener una conversación con Dios —dijo Hannah—. Dios nos quiere decir algo, para eso nos dio la Biblia.

—¿Él te habla como mi libro parlante? —preguntó Peter.

Hannah sonrió. A Peter le encantaba que le leyera ese libro que al apretar los botoncitos se escuchaban los sonidos de los animales. Algunas veces ella deseaba que Dios le hablara con una voz que pudiera oír.

—No —le dijo Hannah—. Las personas que escucharon a Dios a través de sus corazones escribieron lo que Él les dijo en este libro. Por eso cuando lo leo, es como si escuchara lo que Dios tiene que decirme acerca de las cosas.

—¿Qué te dice Dios? —preguntó Peter.

—Me dice lo que está bien y lo que está mal. Me dice lo que es bueno y lo que es malo. Me dice cómo debo tratar a las otras personas. Hasta me dice cómo debo tratar a mi hermanito.

—¿Te dice eso? —preguntó Peter con ojos muy abiertos por el asombro—. ¿Y qué te dice?

—Me dice que tengo que quererte mucho y enseñarte a que leas la Biblia tú mismo —le dijo Hannah.

Y con una gran sonrisa añadió:

—Y me parece que me dice que te dé un gran abrazo y diez besos seguidos y después te haga cosquillas.

Toda la Escritura es inspirada por Dios y útil para enseñar, para reprender, para corregir y para instruir en la justicia.
2 Timoteo 3:16

LA BIBLIA ES NUESTRO MANUAL PARA LA VIDA.

Si quieres la opinión de Dios en cuanto a qué pensar, creer, sentir, decir o hacer... ve a tu Biblia. Tiene respuesta para todo lo que necesitas.

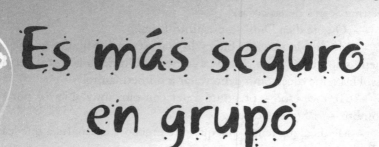

Es más seguro en grupo

La valentía es la resistencia al miedo, el control
del miedo, no la ausencia del miedo.

—Le tengo miedo a los truenos —dijo Tiffany.

—Le tengo miedo a los relámpagos —dijo Helen.

Tiffany estaba pasando la noche en la casa de su buena amiga Helen. Las niñas habían dormido hasta que comenzó la tormenta. Entonces, el trueno las despertó. Fue tan fuerte que temblaron los vidrios de la ventana.

—¡Vaya, nunca había escuchado un trueno tan fuerte como ese! ¿Escuchaste cómo tembló la ventana? ¿Crees que pueden romperse los vidrios? —preguntó Tiffany asustada.

—No lo creo —dijo Helen—. Me parece que vamos a estar bien.

Justo entonces un rayo cruzó el cielo e iluminó la habitación como si fuera de día.

—Eso en verdad fue aterrador —dijo Helen.

Y las dos metieron la cabeza bajo la frazada.

—Tal vez si oramos no tendremos miedo. Pidámosle a Dios que nos ayude —sugirió Tiffany.

—¡Qué una buena idea! —dijo Helen—, espero que la tormenta pase pronto.

«Querido Dios», comenzó Tiffany, «gracias por hacer la lluvia y los cielos y la naturaleza. Sabemos que tú eres mayor que la tormenta.

Tú eres mayor que el trueno y el rayo. Tú eres mayor que toda la naturaleza. Y estás aquí ahora con nosotras que tenemos miedo. Mantennos a salvo de esta tormenta. Gracias. Amén».

—Mi padre siempre me dice que cuando estoy asustada solo diga: "Dios es mayor". Porque Dios es mayor que cualquier cosa a la que le pueda tener miedo —dijo Tiffany después de haber orado.

—Escuché una historia la semana pasada que contaba que una vez Jesús estaba durmiendo en un barco durante una tormenta. Cuando los discípulos lo despertaron, Él les ordenó al viento y a las olas que se detuvieran... ¡y lo hicieron!

—Pensemos que Jesús está acá con nosotras. Entonces no tendremos miedo.

—Buenas noches, Tiffany, me parece que ahora voy a dormir tranquila.

Recuerda

Los discípulos preguntaban asombrados:
—¿Quién será este hombre, que hasta el viento
y las olas le obedecen?
Mateo 8:27, TLA

¡DIOS ES MAYOR!

Cuando tengas miedo, piensa que Jesús está contigo donde sea que estés. Él siempre está contigo y promete no dejarte nunca.

Montones de gangas

Al ayudar a los otros, te ayudas a ti mismo.

—Mamá, aquí hay un anuncio de una venta de objetos usados y tienen un juego de barras asimétricas de gimnasia para vender. ¿Podemos ir a verlas, y si son buenas, comprarlas? —preguntó Bethany.

Quería un juego de barras asimétricas para practicar porque deseaba entrar en el equipo de gimnasia.

—Tendríamos que ir temprano antes de que las vendan —sugirió el papá.

—Vamos —se puso los zapatos, se peinó y estuvo lista en dos minutos.

—Trae el periódico con la dirección —dijo la mamá.

—No olvides la chequera —dijo Bethany.

Se subieron a la camioneta y se fueron. Enseguida encontraron el lugar.

—Me parece que todavía las tienen, apurémonos —gritó Bethany.

—El papá estacionó el auto delante del cartel de la venta de objetos usados, luego todos bajaron de la camioneta y entraron a ver esas barras asimétricas. El papá las probó para asegurarse de que fueran robustas y fuertes.

La mamá curioseó entre las otras cosas que estaban en venta.

—¿Cuánto cuesta esto? —preguntó señalando un juego de recipientes y cacerolas.

—Quince dólares —dijeron los dueños.

—Podríamos comprarlos para el refugio de los desamparados. Los líderes del refugio arman paquetes con cosas de cocina, ropa de cama y toallas para entregarles a las personas que consiguen un departamento o casa donde vivir. ¿Me los dejaría en doce dólares? —preguntó la mamá.

—Seguro, si es por una buena causa —dijo el dueño.

—¿Y aquellas sábanas? Parecen casi sin uso, ¿me las dejaría por cinco dólares? Las agregaré al juego de cacerolas.

—¿Y qué pasa con mis barras asimétricas? —preguntó Bethany.

—¡También las llevamos! —respondió la mamá.

—Este ha sido un buen día de compras —dijo Bethany—. Todos encontramos algo.

Recuerda

Siempre que tengamos la oportunidad, hagamos bien a todos.
Gálatas 6:10

TRATA DE ESTAR SIEMPRE DISPUESTA A AYUDAR A OTROS.

¡Tú puedes hacerlo!

Busca otras formas de compartir tus recursos con los demás. ¿Qué tienes? ¿Tiempo? ¿Dinero? ¿Energía? Lo que sea que tengas, úsalo con alguien que lo necesite.

Una noche despierta y un día de sueño

«¡Buenas noches, niñitas! ¡Den gracias al Señor que están bien! ¡Y ahora, a dormir!», dijo la señorita Clavel.

—Prometemos que iremos a dormir, así mañana nos podemos levantar a tiempo para ir a la escuela —dijo Roxana mientras se despedía de su mamá.

Los Carpenters habían tenido que salir de la ciudad para visitar al abuelo que estaba en el hospital. Habían arreglado que Roxana se quedaría con una familia amiga que tenía una hija de la misma edad.

Las niñas hicieron sus tareas y se prepararon para ir a la cama.

—Apaguen ya las luces —les gritó la Sra. Meyer desde abajo—. Mañana tienen que ir a la escuela.

—Está bien —contestó Leigh.

Apagaron las luces, pero Leigh y Roxana se contaron secretos y se rieron en la cama hasta que no pudieron estar más despiertas y se durmieron.

—Es la hora de ir la escuela, niñas —les dijo la señora Meyer mientras tocaba a la puerta del dormitorio.

¡No podía ser que ya fuera de día! Estaban tan cansadas. Roxana esperaba no quedarse dormida en clase. Leigh tenía un concurso de matemáticas. Había estudiado, pero estaba tan cansada que no podía pensar.

En la clase de educación física, Roxana jugó al fútbol. Perdió un par de pases fáciles, entregándole la pelota al otro equipo. Sus compañeras de equipo la reprendieron.

«Roxana, ¿no puedes ver la pelota?»

«¡Bueno! ¡Se me pasó!», les respondió. Cuando terminó el juego, se escapó corriendo de la cancha.

En casa, Roxana y Leigh estaban muy quietas durante la hora de la cena.

—Niñas, ¿cómo les fue hoy? —preguntó la Sra. Meyer.

—Bueno, mañana será mejor, no podría ser mucho peor que hoy —contestó Leigh.

A la hora de dormir, la señora Meyer subió a apagar la luz de la habitación de las niñas. Esta noche debían dormir. Pero no necesitó recordárselo. ¡Se habían quedado dormidas con la luz prendida!

Recuerda

En paz me acuesto y me duermo.
Salmo 4:8

SUEÑOS AGRADABLES... PRODUCEN DÍAS AGRADABLES.

¡Tú puedes hacerlo!

Comienza tu día la noche anterior, duerme lo suficiente como para tener bastante energía para hacer todo lo que tengas que hacer bien y con alegría.

Grandes amigos en momentos tristes

Cuando uno tiene una pena que no se la puede contar a nadie en la tierra, debe confiársela a Dios... porque Él puede aliviar nuestro dolor y enseñarnos a soportarlo.

Molly no estaba bien. Siempre había sido tranquila, pero ahora parecía mantenerse alejada de cualquiera que quisiera incluirla en sus actividades.

—Molly, ¿estás bien? —le preguntó la Sra. Mays, su maestra de segundo grado, cuando las dos se quedaron solas después de clases.

Molly no había salido corriendo a su casa después de la escuela, cuando había terminado la clase como hicieron los otros niños.

—Estoy bien —respondió.

Cuando Molly contestó, la Sra. Mays vio que le temblaba el labio inferior.

—¿Puedo ayudarte? —continuó la Sra. Mays.

—Estoy bien. No necesito ayuda —dijo Molly mientras se dirigía a la puerta del aula.

—¿Te gustaría hablar con la Srta. Sherry? —preguntó la Sra. Mays.

La Srta. Sherry era la consejera escolar.

Eso fue más de lo que Molly podía soportar, y las lágrimas comenzaron a correr. La Sra. Mays la llevó al aula donde pudieron hablar a solas.

—Molly, ¿alguien te está molestando? ¿Está bien tu familia?

Con esto Molly le contó su historia. Sus padres se estaban divorciando. Su papá se había ido de casa y su mamá estaba muy disgustada. Su hermanito lloraba porque extrañaba a su papá.

—Molly, lo siento mucho. Eso es muy triste y difícil. Sé que quieres a tu mamá y a tu papá.

Molly hablaba con la voz entrecortada:

—No quiero que mis padres se peleen. Pero quiero que vivan juntos. ¿Por qué pasó esto? ¿Hice yo algo mal?

La Sra. Mays tomó las manos de Molly.

—Molly, algunas veces los adultos no saben qué hacer para llevarse bien y piensan que es mejor vivir en casas separadas. No hiciste nada malo, querida. Hagamos una cita con la Srta. Sherry para mañana. Puedes contarle todo lo que sientes.

Recuerda

El Señor está cerca de los quebrantados de corazón,
y salva a los de espíritu abatido.
Salmo 34:18

SÉ UNA BUENA OIDORA.

Si tienes un problema que es muy grande para manejarlo tú sola, cuéntaselo a un adulto en el que puedas confiar. Si conoces a alguien que tiene un problema grande, anímala a que busque ayuda de alguien en quien confíe.

Más para aprender

¿No es sorprendente que aunque casi todos tengan una opinión que dar sobre la Biblia, muy pocos la hayan estudiado?

—No sé por qué papá nos hace leer la Biblia y memorizar versículos todas las semanas. Nadie más lo hace en la Escuela Dominical —le dijo Tyrone a su hermana Taylor.

—Por lo menos no todas las semanas —dijo Taylor.

—¡Escuché eso! —dijo el papá mientras entraba a la cocina y se sentaba a la mesa junto a ellos—. ¿Me están diciendo que no saben por qué les hago memorizar los versículos de la Biblia?

—La verdad que no —dijo Tyrone—. Sé que tú piensas que es bueno para mí, pero en realidad no sé por qué es bueno para mí. Tengo tres Biblias que puedo leer.

—Primero —explicó el papá—, cuando seas mayor, verás que recuerdas más lo que has memorizado que lo que haz leído. Yo quiero que memorices la Biblia de la misma manera que has memorizado el Juramento de Lealtad a la Nación. Aunque quizá no recuerdes lo que leíste en tu clase de historia de la semana pasada.

—En eso tienes razón —dijo Taylor.

—Segundo —continuó el papá—, si has memorizado muchos versículos de la Biblia, tendrás una idea mejor de lo que en verdad hay en la Biblia. Te encontrarás con personas que te dirán lo que dice la Biblia, pero que nunca la han leído por ellas mismas, así que no saben en realidad lo que dice. Algunas veces, algunas las personas te dirán que algo está en la Biblia cuando en realidad no lo está, y algunas veces te dirán que algo no está cuando en realidad lo está.

—¿Como qué, por ejemplo? —preguntó Tyrone.

—¿Has escuchado alguna vez el dicho «Una manzana por día mantiene alejado al médico»? —preguntó el papá.

—Seguro, la abuela lo dice siempre.

—¿Está en la Biblia? —preguntó el papá mientras se levantaba y se iba.

—¿Está? —Taylor le preguntó a su hermano mayor.

—Me parece que tenemos que leer y memorizar más —dijo Tyrone.

Recuerda

Siempre estoy repitiendo las enseñanzas que nos diste.
Salmo 119:13, TLA

APRENDE BIEN LA BIBLIA.

¡Tú puedes hacerlo!

Si memorizas un versículo de la Biblia todas las semanas, sabrás cientos de ellos cuando seas grande.

Dios nos mira

La sabiduría es ver la vida desde
la perspectiva de Dios.

«Hoy la bolsa de valores sufrió otra caída...».

«Debes haberte dado cuenta que esta semana cuesta mucho más llenar el tanque de gasolina de tu auto...».

«Una importante aerolínea anunció hoy un aumento en los precios de sus boletos...».

«Una compañía local de *software* va a despedir el treinta por ciento de sus empleados...».

El papá de Faith miraba las noticias en el diario y sacudía su cabeza.

—Las cosas van de mal en peor —murmuró—. Estaremos todos en el comedor público antes de que nos demos cuenta.

Faith estaba horrorizada. Ella había estado varias veces en el comedor público en el que su mamá participaba como voluntaria, y no podía imaginarse comiendo todas sus comidas ahí.

—¿Estamos realmente casi sin dinero, papá? —le preguntó con voz temblorosa.

—¿Qué? ¡No, Faith! ¡No! —dijo el papá—. Lo siento. No debería haber dicho eso, lo que sucede es que a veces me desanimo cuando veo las cosas que pasan en el mundo.

—¿De verdad estamos bien? —preguntó Faith.

—Sí, Faith. Ven, siéntate aquí y déjame explicarte algo.

Faith se sentó en el sofá al lado de su papá.

—Aunque las cosas no vayan bien a nuestro alrededor, cosas como los despidos y el alza de los precios, tenemos que recordar que Dios es aun mayor que todos nosotros, y que lo controla todo. Dios es nuestro Padre, y podemos confiar en que Él nos cuida.

—¿Del mismo modo en el que tú y mamá me cuidan? —preguntó Faith.

—Sí —respondió el papá—. Nosotros queremos lo mejor para ti. Lo mismo quiere Dios. Estoy contento Faith de que me recordaras que debo dejar de preocuparme por las noticias y comenzar a escuchar a Dios.

Recuerda

Encomienda al Señor tu camino;
confía en él, y él actuará.
Salmo 37:5

ESCUCHA A DIOS.

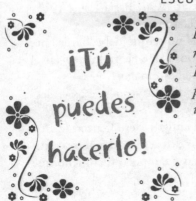

Dios sabe lo que está pasando en este mundo. Después de todo, Él lo creó. Podemos confiar en que Él nos protegerá cuando parezca que todo es una locura.

Cómo hacer lo bueno

Por lo general, lo que queda después que se terminan todas las excusas es lo que está bien.

—¿Qué quiere decir eso? —preguntó Dayton señalando la pulsera de Michelle.

—¿Nunca viste una pulsera QHJ? —dijo Michelle.

—No —dijo Dayton—. ¿Qué quiere decir?

De repente Michelle recordó que Dayton había vivido en América del Sur donde sus padres eran misioneros.

—Las pulseras QHJ ya son viejas en Estados Unidos, pero todavía me gusta usar la mía. QHJ quiere decir "¿Qué haría Jesús?".

—¿Y por qué la usas? —preguntó Dayton.

—Bueno —dijo Michelle—, a veces no sé qué debo hacer ante ciertas situaciones o no sé qué decir, como por ejemplo hoy en el recreo cuando Chris golpeó a Garrett en el estómago.

—Esa fue una escena bastante fea —dijo Dayton—. Los vi desde la cafetería. ¿Qué les pasa a esos dos?

—Garrett y Chris por lo general son amigos. Pero Garrett le sacó una golosina de la bolsa del almuerzo. Los dos actuaron mal, no estuvo bien que Garrett le quitara el caramelo y tampoco fue bueno que Chris lo golpeara —dijo Michelle.

—¿Y qué hubiera hecho Jesús? —preguntó Dayton.

—Creo que hubiera hecho lo mismo que hizo Kip —dijo Michelle—. Le dio una barra de caramelo más grande y le dijo: "No seas tonto, no vale la pena pelearse por una barra de caramelo".

—¿Piensas que eso es lo que hubiera hecho Jesús? —preguntó Dayton.

—Bueno, tal vez no exactamente así, pero creo que Jesús hubiera querido que Garret y Chris fueran amigos —dijo Michelle.

—Me parece que me gustaría que Kip fuera mi amigo —dijo Dayton.

Sométanlo todo a prueba, aférrense a lo bueno,
eviten toda clase de mal.
1 Tesalonicenses 5:21-22

LA MANERA DE DIOS SIEMPRE ES LA MANERA ADECUADA.

Si alguna vez te preguntas si lo que estás haciendo está bien, pregúntale a Jesús: «¿Es esto lo que tú harías?».

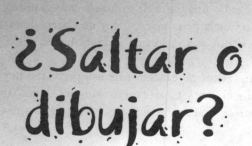

¿Saltar o dibujar?

La verdadera tragedia en la vida no es estar limitado a un solo talento, sino fallar en no aprovecharlo.

Cuando se trataba de saltar a la comba, Tina era la mejor. Le encantaba desafiar a sus amigas, ver quién podía saltar por más tiempo. Casi siempre, Tina ganaba todos los concursos en su clase de gimnasia.

Jane no era muy buena saltando a la comba. De alguna manera, sus pies se enredaban en la soga y tenía que sentarse y mirar a las otras niñas que seguían saltando.

Durante el almuerzo, Jane llevó su bandeja a la mesa de Tina y le preguntó si podía sentarse con ella.

—Seguro —dijo Tina.

—Quería decirte que saltas muy bien a la comba —dijo Jane mientras ponía la pajilla en su botella de leche—. Desearía poder saltar como tú.

—Solo se necesita practicar —dijo Tina mientras mordía su sándwich.

—No, me parece que no tengo ese talento —dijo Tina—. Mi mamá dice que Dios le da a cada uno ciertos talentos y que no todos somos buenos en las mismas cosas.

—Podría ser —dijo Tina—. Yo siempre he sido buena saltando a la comba.

—Mi mamá dice que lo importante es descubrir nuestros talentos y usarlos de la manera que Dios quiere.

—¿Y cuál es tu talento? —preguntó Tina.

—Te dibujé mientras saltabas —dijo Jane sacando un pedazo de papel dibujado de su agenda.

—¡Vaya! —exclamó Tina—. ¡Esa se parece a mí! Si yo fuera tú, me olvidaría de saltar a la comba.

—Voy a seguir saltando —dijo Jane—, pero sé que dibujar es uno de mis talentos más importantes.

—¿Puedes enseñarme a dibujar? —preguntó Tina—. Tal vez ni siquiera sepa que tengo otro talento.

Recuerda

Una persona puede recibir diferentes dones, pero el que los concede es un […] mismo Señor.
1Corintios 12:4-5, DHH

NO DESPERDICIES TUS VERDADEROS TALENTOS.

¡Tú puedes hacerlo!

Dios nos ha dado a todos distintos dones y talentos. Es divertido descubrir cuáles son. Es aun más divertido usarlos, todos para su gloria.

La gran mentira

El perdón es la parte divertida, calienta el corazón
y enfría el escozor.

Paige y Grace estaban enfrentadas en la elección para ser presidente de la clase. Durante varias semanas, habían estado pegando carteles en los pasillos, entregando volantes en los almuerzos y pidiendo votos.

Paige pensó que tenía una buena oportunidad para ganar, por eso se sorprendió cuando vio que había sacado la mitad de votos que Grace.

«Mejor suerte la próxima vez», le dijo Grace con una sonrisa de satisfacción mientras subía al estrado para dar su discurso al aceptar el cargo.

Paige se sentó en el auditorio preguntándose qué habría hecho Grace para conseguir más votos de sus compañeros.

—Descubrí por qué perdiste —le dijo más tarde Mae mientras almorzaban ese día.

—Grace hizo correr el rumor que tenías buenas notas porque sobornabas a la maestra.

¡Paige no podía creer lo que escuchaba!

—Si yo fuera tú, ajustaría las cuentas —dijo Mae—. Cuéntaselo a la directora.

—Le diré a la directora que el rumor no es cierto —dijo Paige—, pero no diré quién lo comenzó. Me da pena con Grace si ella siente que tiene que mentir para ganar una elección. Le diré que sé lo que hizo y que la perdono. Y después voy a orar por ella. Ahora es la presidenta de nuestra clase, y todos queremos que sea una buena presidenta, ¿no?

—No puedo creer que le permitas salirse con la suya —dijo Mae.

—No necesito vengarme —dijo Paige—. Lo bueno es dejar que Dios lo solucione.

Si Dios está de nuestra parte,
¿quién puede estar en contra nuestra?
Romanos 8:31

NO GASTES ENERGÍA EN EL ENOJO.

¡Tú puedes hacerlo!

Es difícil aceptar que uno ha perdido porque alguien ha hecho algo malo para perjudicarnos. Es mejor dejar que Dios lidie con esa persona, que tratar de vengarnos.

Una nueva perspectiva

El prejuicio es el hijo de la ignorancia.

Desde que Janine tenía memoria, las vías del tren dividían la ciudad en dos grandes vecindarios, no por diseño previo, sino que se transformó de esa manera. La gente pobre vivía a un lado de las vías. Muchos habían venido a vivir a la cuidad durante la sequía conocida como «cuenca de polvo».

Los comerciantes y granjeros que les daban empleo vivían del otro lado de las vías. Ellos tenían más dinero y casas más lindas.

Janine vivía en el «lado bueno» de las vías, y los niños del vecindario llamaban a la gente del otro lado los «Okies» porque venían de Oklahoma.

—No puedes ir con ella a la fiesta —le dijo Janine a su hermano mayor Tim.

—¿Por qué no? —preguntó Tim—. Ella es la niña más bonita de la clase. Y también una de las más inteligentes.

—Sí, pero es una Okie —dijo Janine.

—¿Y eso qué significa? —preguntó Tim.

—Bueno, que su familia no tiene tanto dinero como nosotros —dijo Janine.

—Va a nuestra iglesia —dijo Tim—. Y su madre compra en el mismo supermercado que nosotros, y su padre echa gasolina en la misma gasolinera que nosotros.

—Pero vive del otro lado de las vías —dijo Janine.

—Escucha, Janine —dijo finalmente Tim—, me gusta Connie. Su gente ha pasado por tiempos difíciles, pero son buenas personas y están trabajando duro para tener una vida mejor. Connie es linda y divertida. En lo que a mí concierne, Okie quiere decir «*Outstanding Kid in Everything*» [Niña que se destaca en todo].

—¿Pero qué dirá la gente? —preguntó Janine.

—Solo importa lo que Dios dice —contestó Tim con una sonrisa—. Y a propósito, Connie tiene un hermano muy buen mozo.

En esta nueva naturaleza no hay griego ni judío, circunciso ni incircunciso, culto ni inculto, esclavo ni libre, sino que Cristo es todo y está en todos.
Colosenses 3:11

DIOS AMA A TODOS SUS HIJOS.

Dios ama a las personas de todas las razas y naciones, y nosotros tenemos que amarlas también.

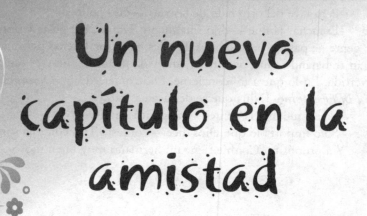

Un nuevo capítulo en la amistad

Una acción generosa es su propia recompensa.

A Ashey le encantaba leer. En especial le gustaba leer historias de misterio. Tenía un autor favorito que había escrito veinte libros y acababa de comprar el último. Ahora ya tenía los veinte.

Hank, el mejor amigo de Ashley, vivía en la casa de al lado y le encantaban los mismos libros. Casi siempre los retiraba de la biblioteca. Pero había una lista de espera muy larga para ese libro nuevo, así que le preguntó a Ashley si se lo podía prestar.

«¡De ninguna manera!», le dijo Ashley. «Acabo de comprarlo y no quiero que se estropee».

Hank se fue muy enojado de la casa. Ashley se sintió mal, pero no podía convencerse de prestarle el libro.

Esa noche, durante la cena, la familia de Ashley hablaba acerca de cómo parecerse más a Jesús.

—¿Cómo era Jesús? —preguntó el papá.

—Él amaba a todos. Él perdonaba a todas las personas. Era bueno con la gente y dio su vida por nosotros —dijo Ashley.

—¿Cómo podemos imitar eso? —preguntó la mamá.

—Tal vez siendo más generosos —dijo Ashley, pensando en su libro—. Tal vez prestándole a un amigo algo que signifique mucho para nosotros.

Después de la cena, Ashley golpeó la puerta de Hanks. Cuando él abrió, ella le entregó su libro.

—Cambié de idea —le dijo—. Me parece que este te va a gustar mucho. Cuando lo termines, podemos hablar sobre nuestras partes preferidas.

—¡Gracias! —dijo Hank—. Te prometo que lo voy a cuidar.

—Sé que lo harás —dijo Ashley—. Sé que puedo confiar en un buen amigo.

Recuerda

Todos los creyentes eran de un solo sentir y pensar.
Nadie consideraba suya ninguna de sus posesiones,
sino que las compartían.
Hechos 4:32

LA GENEROSIDAD ABRE LOS CORAZONES A JESÚS.

¡Tú puedes hacerlo!

Cuando pensamos en todo lo que Jesús hizo por nosotros, abandonando su hogar en el cielo y viviendo en la tierra de la forma en que vivimos nosotros, hace que sea más fácil compartir lo que tenemos con los demás.

Una cita con Dios

Disfruta de un tiempo para ti y de un tiempo para tu Dios.

Cuando Brenda y su mamá llegaron a casa después de la reunión familiar, ya era medianoche. Brenda se quedó dormida tan pronto como apoyó su cabeza en la almohada. Soñó que ella y sus primos nadaban en el lago y que asaban malvaviscos en la orilla, lo mismo que hicieron en la reunión.

Parecía que había dormido por unos minutos cuando... ¡RRRING! Sonó el despertador a la hora en que tenía que levantarse para ir a la Escuela Dominical. Brenda apagó el despertador, gruñó y se dio vuelta en la cama. Unos minutos después entró su mamá para asegurarse que se había despertado.

En la mesa del desayuno, Brenda estaba de mal humor.

—¿Por qué no puedo dormir un poco más? —discutió—. ¿Cuál es el problema si falto a la Escuela Dominical de vez en cuando?

La mamá de Brenda dejó su taza de café.

—Piensa en ayer y en lo mucho que te divertiste con personas que tienen algo en común contigo. Tus primos te enseñaron algunas cosas, como por ejemplo, a nadar. En la Escuela Dominical estás con otros niños que aman a Jesús. Todos ustedes aprenden cosas sobre Él que les quedarán para toda sus vidas. Si te pierdes un domingo, podrías estar perdiéndote alguna lección importante que tal vez necesites algún día. No solo eso —dijo la mamá con un brillo en sus ojos—, Dios nos está esperando. Tenemos una cita con Él todos los domingos y Él nos extraña si no vamos.

—¿Quieres decir que está mirando su reloj, preguntándose adónde estaremos? —se rió Brenda—. Me parece que haríamos bien en apurarnos.

Recuerda

Unido a Cristo, todo el edificio va levantándose en todas y cada
una de sus partes, hasta llegar a ser un templo consagrado
y unido al Señor. Así también ustedes, unidos a Cristo,
se unen todos entre sí para llegar a ser un templo en el cual
Dios vive por medio de su Espíritu.
Efesios 2:21-22, DHH

MANTÉN TU CITA CON DIOS.

¡TÚ puedes hacerlo!

La iglesia es como una reunión semanal con la familia. Te da la oportunidad de saber de los otros, orar por ellos y alabar y adorar a Dios, nuestro Padre, todos juntos. Es algo que no querrás perderte.

Espera la luz verde

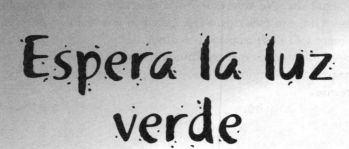

Hacer lo que está bien no es el problema.
El problema es saber lo que está bien.

Eran las cinco de la mañana. El sol todavía no había salido, pero la familia Taylor ya estaba en camino hacia la casa del abuelo para el Día de Acción de Gracias.

Ronny, su hermano, Zachary, y su hermana, Eve, apenas estaban despiertos en el asiento trasero del auto.

—¿Por qué tenemos que salir tan temprano? —gruñó Ronny.

—Porque tardamos ocho horas en llegar a la casa del abuelo y queremos estar ahí antes de la hora de la cena —dijo su mamá.

—Y no se olviden —dijo el papá— que nosotros llevamos la comida, el abuelo ya no se las arregla tan bien como antes, y desde que la abuela murió el año pasado, necesita que lo ayuden para preparar una reunión como esta.

Las calles estaban solitarias a esas horas de la mañana. A los niños les parecía raro estar solos en esa ruta que siempre habían visto tan concurrida. El papá llegó a un cruce y se detuvo a esperar la luz verde.

—¿Por qué nos detenemos? —preguntó Zachary—. No hay otros autos ni policías. ¿Por qué no seguimos adelante?

—Porque eso sería romper las leyes —dijo el papá—. Las leyes se deben respetar aun cuando nadie nos está observando.

—Las leyes nos protegen —dijo la mamá—. Si pasamos con la luz roja, otro auto podría venir a velocidad por la otra calle, podríamos chocar y alguien podría salir lastimado.

—Siempre debemos hacer lo que está bien, no solo lo que es conveniente —dijo el papá. —De esa manera siempre sabes lo que tienes que hacer.

—De todas maneras, ¿quién quiere tomar decisiones difíciles a las cinco de la mañana? —dijo Ronny, bostezando.

—Yo ya he tomado una decisión fácil —dijo Zachary, recostándose en su asiento—, voy a volver a dormir.

Todo el que infrinja uno solo de estos mandamientos,
por pequeño que sea, y enseñe a otros a hacer lo mismo,
será considerado el más pequeño en el reino de los cielos;
pero el que los practique y enseñe será considerado grande
en el reino de los cielos.
Mateo 5:19

RESPETA LAS LEYES.

Dios quiere que hagamos lo que está bien, y eso incluye respetar las leyes, su ley y la de nuestro país.

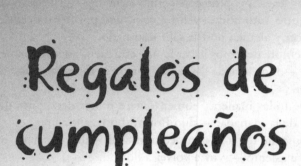

Regalos de cumpleaños

La persona codiciosa vive como si todo el mundo
lo hubieran hecho para él, y no él para el mundo.

— Hagamos algo diferente para tu fiesta de cumpleaños este año
—dijo la mamá mientras entraba en la habitación de Corrine y se
sentaba en el borde de la cama.

—¿Como qué? —dijo Corrine levantando su mirada de la tarea.
Su mamá siempre tenía grandes ideas para las fiestas.

—¿Qué te parece si les pides a tus amigas que de regalo te traigan algo que puedas llevar para las niñas que están en el refugio de los
desamparados?

Corrine no estaba segura si le gustaba la idea.

—¿Todos mis regalos serían para las niñas desamparadas? —preguntó.

La mamá vio que Corrine estaba desilusionada.

—Cor —le dijo—, ¿puedes decirme todos los regalos que recibiste en tu fiesta del año pasado?

—¡Seguro! —dijo Corrine.

Pero entonces comenzó a pensar. ¿Ese regalo fue para mi cumpleaños o para Navidad? ¿Eso es algo que compré o que me regalaron?

La mamá sacó una lista.

—Yo sé lo que recibiste —dijo. Y leyó una lista de siete regalos, y mientras leía cada uno, comentaba lo que le había pasado al regalo. Cuatro de ellos entraron en la categoría de nunca usado o leído o jugado después del primer día. Dos de los regalos se los había dado a su hermana menor. Un regalo lo había perdido una semana después.

»¿No hubiera sido mejor darles esos regalos a niños que los hubieran usado? —dijo la mamá—. Tú tienes muchas cosas, Corrine, y con tu dinero semanal y los regalos en dinero que te dan los tíos y los abuelos puedes comprarte lo que quieras tener.

—Me parece que tienes razón —dijo Corrine.

—Un cumpleaños es el momento ideal, tanto para dar como para recibir —dijo la mamá.

Corrine nunca lo había pensado de esa manera.

Recuerda

Conténtense con lo que tienen.
Hebreos 13:5

ENFÓCATE EN LO QUE TIENES.

¡Tú puedes hacerlo!

Piensa en una persona que tenga una gran necesidad. Piensa en lo tienes que podrías darle para ayudarla, animarla o mostrarle tu cariño. Entonces habla con tus padres sobre la idea de darle tus regalos.

Elige la verdad

La verdad no siempre es popular,
pero siempre es lo bueno.

—En realidad, no es una mentira —dijo Hope—. Vamos a ir al centro comercial.

—Sí —contestó Felicia—, pero lo que tienes en mente es ir a ver una película y hay un cine en el centro comercial.

—Así es —dijo Hope—. ¡Pero está en el centro comercial!

—Tú sabes que tus padres no te han dado permiso para ver esa película. Es prohibida para menores y nuestros padres nos han dicho que no podemos ver películas prohibidas para menores.

—Ellos nunca lo sabrán —enfatizó Hope—. Todos dicen que es una de las mejores películas que han visto. ¿No tienes ganas de verla?

—Me parece que si la película es tan buena, va a ser difícil no comentarla, pero si decimos algo, nuestros amigos nos descubrirán. Puedes mantener la boca cerrada por una vez —dijo Felicia—. ¿Pero nos dejarán entrar? No parecemos de diecisiete años.

—¡Habla por ti misma! —dijo Hope—. En estos días nadie puede distinguir a una adolescente de trece de una de diecisiete. Actúa como una de diecisiete y pensarán que los tienes.

—¿Y si nos piden documentos? —preguntó Felicia.

—Nunca he visto que le pidieran identificación a alguien, ¿y tú? —Preguntó Hope—. ¿Vamos o no?

Felicia lo pensó por un momento.

—No —dijo.

—¿Por qué eres tan rara con respecto a esto? —le preguntó Hope.

—Bueno, yo no voy a decir que estuve en el centro comercial cuando en realidad estuve en el cine. No voy a tratar de recordar no hablar sobre una película que no debía ver. Y no voy a fingir que tengo diecisiete años.

—Bueno, entonces, ¿qué quieres hacer el sábado por la tarde?

—¡Ir al centro comercial! ¡Tengo dos cupones de descuento y uno de regalo!

—¡Por qué no lo dijiste antes! —sonrió Hope.

Recuerda

Dejen de mentirse unos a otros, ahora que se han quitado el ropaje de la vieja naturaleza con sus vicios, y se han puesto el de la nueva naturaleza.
Colosenses 3:9-10

MENTIRAS SON LO QUE OCULTAS DECIR.

¡Tú puedes hacerlo!

Es más fácil decir la verdad que mentir, porque cuando dices la verdad, no tienes que recordar lo que dijiste. Pídele al Señor que te ayude a ser una «hablante de la verdad».

El gran desastre de los refrescos

La persona que pierde su conciencia no le queda nada valioso que guardar.

—¿Corey y Candy, me pueden decir de dónde sacaron todos esos refrescos?

El papá de los mellizos levantó la vista de su diario en el momento justo para ver a sus hijos dirigirse al refrigerador con los brazos cargados de latas de refrescos.

—¡Eran gratis! —respondió Corey.

Corey se alejó de la mesa mientras dejaba su carga, y sacaba unas latas más de los bolsillos de sus pantalones y chaqueta bajo la mirada de su padre.

—¿Gratis? —preguntó su papá.

Candy explicó mientras abría el refrigerador.

—Hubo un gran choque en la calle Elm y un camión repartidor de refrescos se volcó. Los cajones con las latas salieron despedidos a la calle y se rompieron. ¡Había latas de refrescos por todos lados! Nadie salió lastimado, el auto y el camión apenas se dañaron. Pero todo el mundo comenzó a recoger y llevarse las latas que estaban en la calle.

—¿Le preguntaron al camionero si podían llevarse los refrescos?

—Bueno, no... no exactamente.

—Entonces los refrescos no eran gratis. Las cosas que se toman sin permiso de sus dueños son robadas, no "encontradas" —dijo el papá.

Candy se puso pálida.

—¡No, papá! ¡De verdad! Todos lo estaban haciendo. ¡Hasta la gente grande!

—Cuando vayan al cielo, no van a explicar que toda esa gente lo hizo, solo dirán que ustedes lo hicieron.

Corey frunció el ceño por un segundo y le dijo a su papá:

—Oye, papá, ¿te parece que nos podrás ayudar a encontrar una manera de devolver esas latas?

Candy enseguida agregó:

—¡P-o-r f-a-v-o-r!

El papá sonrió.

—¡Vamos!

Recuerda

Si encuentras un toro o un asno perdido, devuélvelo,
aunque sea de tu enemigo.
Éxodo 23:4

LOS QUE ENCUENTRAN NO SON SIEMPRE GUARDADORES.

¡Tú puedes hacerlo!

Si encuentras algo que alguien perdió, siempre tienes que hacer el esfuerzo de encontrar a su dueño. Si no estás segura acerca de lo que debes hacer, pídele a tus padres o a tu maestra que te ayude a encontrar la manera de hacer lo que debes.

Celos disfrazados

La persona que se ve valiosa, es raro que sienta celos de otras personas que poseen cosas valiosas.

—¿Cómo te fue en la escuela hoy? —le preguntó la mamá a Cindy cuando la traía de la escuela.

—¡Terrible! A la hora del almuerzo, Sabrina notó que tenía zapatos nuevos y Cassie dijo: "En realidad hacen que tus pies se vean enormes". Dos niñas que estaban en la mesa de al lado, miraron mis pies y comenzaron a reírse, pero no quisieron decirme lo que estaban diciendo cuando les pregunté qué era lo que encontraban tan gracioso.

La mamá miró los pies de Cindy.

—¿No son esos los zapatos que vimos en una revista y que dijiste que estaban de moda este año? Además, no hacen que los pies se vean grandes.

—No fue solo eso —dijo Cindy—. Dawn me dijo que este tipo de zapatos no combinan con la ropa que tengo puesta y Andrea me salió con que estaba usando zapatos azules con un conjunto gris... ¡que tendría que usar zapatos negros! Parece que se convirtió en el día de que "todos digan algo de los zapatos nuevos de Cindy".

—Hace un tiempo leí que una joyería en Nueva York había puesto en exhibición un diamante muy grande, sin ninguna falla —dijo la mamá—. Tenía cerca de setenta quilates, en realidad era un diamante enorme. Una mujer vio el diamante y dijo que le parecía ver una imperfección en él. Otra mujer dijo que no le parecía bonito en absoluto. Y otra dijo que le parecía demasiado vulgar hasta para usarlo en una fiesta.

—Da la impresión que a ellas les gustaría tenerlo, pero no querían admitirlo —dijo Cindy.

—Sí —dijo la mamá—, da esa impresión.

Entonces la mamá miró a Cindy y volvió a mirar los zapatos nuevos.

No codicies la casa de tu prójimo […]
ni nada que le pertenezca.
Éxodo 20:17

SOMOS VALIOSOS PORQUE DIOS NOS AMA.

Cuando eliges ser feliz con lo que Dios te ha dado, encontrarás que es más fácil ser feliz con lo que Dios le da a tus amigos.

El espejo

Al crecer como personas únicas, aprendemos
a respetar la singularidad de los otros.

—¿Por qué frunces el ceño? —le preguntó la mamá a Shara—. Es una niña maravillosa y linda la que se ve en el espejo.

Shara no se estaba arreglando para salir, solo estaba probando diferentes peinados y maquillajes delante del espejo.

—No creo que tenga la más mínima posibilidad —dijo Shara con un suspiro.

—¿Posibilidad de qué? —preguntó la mamá.

—La posibilidad de ser bonita.

—¡Pero lo eres, querida! —dijo la mamá.

—Tú eres mi madre y tienes que decirlo —contestó Shara—, pero mi nariz es muy grande, y tengo muchas pecas y mi cabello nunca hace lo que quiero. Y además de eso, soy demasiado alta.

—¡Vaya!, a mí me parece bien —dijo la mamá.

—Ma-má —se lamentó Shara—, admítelo, no soy bonita. Soy simpática e inteligente y con mi personalidad está todo bien. Toco la flauta bastante bien, pero NO SOY bonita.

—Shara —dijo la mamá—, creo que eres adorable y también creo que te pareces a la tía Carolyn cuando tenía tu edad… y es una mujer muy hermosa. Pero no tiene importancia lo que yo creo. Lo que importa es lo que tú crees.

Shara no dijo nada. La mamá continuó:

—Dios te ha hecho como eres. Él debe haber querido una niña alta con pecas que lo quiera. Tu cabello es lindo si no tratas de recogerlo. Dios debe haber querido una niña alta, con pecas y que usara el cabello suelto. Y tu nariz no es demasiado grande para tus otros rasgos. Dios hizo la nariz apropiada para tu cara.

Y concluyó:

—¿Crees que Dios comete errores?

—No —dijo Shara.

La mamá sonrió:

—Yo tampoco. ¡Nada en tu aspecto deja de ser una alabanza a Dios!

Dios mío, tú fuiste quien me formó en el vientre de mi madre.
Tú fuiste quien formó cada parte de mi cuerpo.
Salmo 139:13, TLA

CUANDO DIOS TE HIZO, ÉL DIJO «ES BUENO».

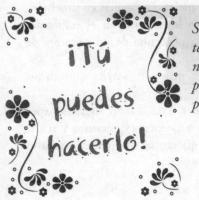

Si hay algo de tu aspecto físico que no te gusta y puedes cambiarlo, hazlo. Si no lo puedes cambiar, alaba a Dios por eso. Él tuvo una buena razón para hacerte como eres.

La elección

La fuerza y la felicidad de un hombre consisten
en descubrir el camino por el que va Dios,
y tomar ese mismo camino.

—¿Están todas en blanco? —le preguntó Angie a Mick cuando empezaron a revisar el contenido de la caja.

—Todas en blanco —dijo Mick.

—¿Estás pensando lo mismo que yo? —dijo Mick mientras sostenía un montón de papeletas de votación.

Ese año las elecciones en la escuela se estaban manejando de una manera un poco diferente. Las papeletas amarillas eran para votar por el presidente, las verdes para el vicepresidente, las azules para el secretario y las anaranjadas para el tesorero. El director había elegido a Angie y a Mick para que contaran las papeletas amarillas en una habitación cerca de su oficina y que luego le informaran el resultado. Había tres cajas de papeletas amarillas, ¡pero una de las cajas era de papeletas sin marcar!

—¡Podríamos hacer presidente a quien nosotros queramos! —dijo Mick.

—Todo lo que tendríamos que hacer sería marcar algunas papeletas en blanco con el nombre de quien nosotros queramos y sustituirlas por las papeletas de quien no queramos que gane —añadió Angie—. Después tiramos las papeletas viejas.

—Tendríamos que esconder las papeletas viejas en nuestra ropa —dijo Mick, pescando la idea.

—Primero debiéramos ver el que ganó —sugirió Angie.

—Cierto —dijo Mick mientras comenzaba a contar.

De repente, Angie dijo:

—¡En qué estamos pensando Mick! ¡No podemos hacer nada con esas papeletas en blanco!

—¿De repente conseguiste una conciencia? —preguntó Mick.

—No —dijo Angie—. De pronto recordé que tengo una.

—Tienes razón —dijo Mick.

Cinco minutos después entró el director Brown.

—¿Encontraron la caja de papeletas en blanco? —preguntó.

—Sí, aquí están —dijo Angie.

—Estoy contento porque no se dejaron tentaron —dijo el director Brown con una sonrisa mientras las tomaba y salía.

Recuerda

Tenemos que obedecer a Dios antes que a los hombres.
Hechos 5:29, LBD

OBEDECE LAS LEYES DE DIOS, AUN CUANDO NADIE TE ESTÉ MIRANDO.

¡Tú puedes hacerlo!

Pídele a Dios que te muestre lo que Él quiere que hagas... y luego hazlo.

Un cambio de planes

La diligencia supera las dificultades.

—¿Cómo te va con el dinero que quieres juntar para el orfanato? —le preguntó la mamá a Joanie unos pocos meses después de que ella hubiera donado cuarenta dólares al orfanato de una misión que recibía el apoyo de su iglesia.

—No muy bien —dijo Joanie—. Nadie parece estar interesado en comprar limonada y galletitas con pedacitos de chocolate. Hoy solo se detuvo un auto a comprar.

—Tienes una limonada grandiosa y las galletitas son muy buenas —dijo la mamá—. Tal vez lo que necesites hacer es volver a pensar en tus planes de venta.

—¿Qué más puedo hacer? —dijo Joanie—. Ya puse carteles en todos los lugares donde me pareció apropiado.

—Quizá tengas que llevar tu limonada y tus galletitas a los clientes en lugar de que los clientes vengan a donde estás tú.

—¿Qué quieres decir? —preguntó Joanie.

—Bueno, hay un campo de *softball* a tres cuadras de aquí. Muchos equipos juegan ahí toda la tarde. Todavía hace calor a esa hora del día ¿Por qué no cargas el carrito rojo de tu hermano con tu nevera portátil y tus galletitas, vas a las graderías y ves si hay alguien interesado?

—¡Qué buena idea! —dijo Joanie.

Una hora después, había hecho una jarra más de limonada y empacado dos docenas de galletitas.

Joanie contó su dinero antes de irse a dormir.

—Vendí toda la limonada y las galletitas. Gané más dinero en una tarde de lo que había ganado desde que empecé. Tengo deseos de que sea mañana. Ya tengo treinta y siete dólares. Mamá... ¡mañana será otro gran día! Gracias por esa gran idea.

—Sabes Joanie —contestó la mamá—, los Lawton, los misioneros del orfanato, tuvieron que ir hasta donde estaban los huérfanos. Eso funciona de la misma forma con todos los servicios, tienes que ir a donde te necesitan, no esperar que los que te necesitan vengan a ti.

Recuerda

Ya que empezaron con tanto entusiasmo, llévenlo a feliz término con el mismo ánimo, dando lo que puedan de lo que tengan.
2 Corintios 8:11, LBD

CONTINÚA TRABAJANDO EN EL PLAN QUE DIOS TE DIO.

Si Dios te da un objetivo, confía en que también te dará un plan para llevarlo a cabo. Pídele que te dé el valor y la perseverancia necesarios para trabajar en ese plan hasta alcanzar el éxito.

La razón

La obediencia es la madre del éxito y está casada
con la seguridad.

—¡Huy! —dijo Becca y se detuvo de repente.

—Sí —dijo Brad casi sin respiración.

Los dos habían estado juntando moras toda la mañana. El abuelo les había enseñado cómo agarrar las más grandes y las más maduras y cómo protegerse de las espinas que tenían las matas. Hacía calor y era un trabajo duro, ¡pero pensar en los pasteles que haría la abuela los empujaba a seguir trabajando!

El abuelo ya había llevado a la casa los baldes que estaban llenos y ellos habían seguido trabajando hasta llenar dos baldes más antes del mediodía. Justo antes de irse, el abuelo les había dicho que no cruzaran la cerca.

—Es probable que el abuelo no sepa que están esas plantas de moras —dijo Becca mirando varias plantas llenas de moras maduras que estaban justo un poco más allá de la cerca.

—No están muy lejos de la cerca —dijo Brad—. Podríamos cruzar hasta allí y volver antes que nadie se dé cuenta.

Entonces los dos treparon la cerca y recogieron moras, sin darse cuenta de que en lugar de juntar moras en las plantas que estaban junto a la cerca, continuaron yendo de grupo en grupo de plantas hasta llegar al prado.

302

—Tal vez no nos haya visto —susurró Becca mientras daba un paso hacia atrás.

Brad también comenzó a caminar hacia atrás mientras un enorme toro tomaba puntería y comenzaba a correr hacia ellos. Los niños se dieron vuelta y comenzaron a correr lo más rápido que podían. Apenas llegaron a tiempo a la cerca. Sus baldes salieron volando mientras la trepaban, desparramando moras por todos lados. Becca y Brad trataban de juntar las moras cuando llegó el abuelo.

—Veo que ustedes se encontraron con Razón —dijo el abuelo.

—¿Razón? —preguntó Becca.

—Sí —dijo el abuelo—. Es el nombre de ese toro viejo.

—¿Por qué se llama Razón? —preguntó Brad.

El abuelo sonrió:

—Él es la razón para no cruzar la cerca.

Recuerda

Hijos, obedezcan en el Señor a sus padres,
porque esto es justo.
Efesios 6:1

LA OBEDIENCIA TE MANTIENE ALEJADA DE LOS CAMINOS QUE TE PUEDEN HACER DAÑO.

¡Tú puedes hacerlo!

Obedecer puede no ser fácil y no siempre ser divertido, pero siempre es lo adecuado. Pídele a Dios que te ayude.

Salmos para las tareas

Cada cristiano canta una canción diferente,
pero entre todos armarán una maravillosa sinfonía
cuando estén en la sala del trono en el cielo.

—¿A que no adivinas qué aprendí en mi clase de la Escuela Dominical esta mañana? —le preguntó Kenna a su mamá.

—¿Qué?

—¡Aprendí que la palabra "salmo" quiere decir canción! —dijo Kenna entusiasmada—. Los Salmos en la Biblia son como un libro de canciones. Nuestra maestra nos dijo que es como un libro de himnos puesto en el medio de la Biblia.

—Así es —dijo la mamá.

—Hicimos un pequeño experimento —continuó Kenna—. La maestra nos pidió que abriéramos nuestras Biblias, en cualquier página. Nos dijo que la mayoría de las veces que se hacía eso, la Biblia se abría en medio de los Salmos. Probamos y resultó. Las Biblias de todos se abrieron en algún Salmo.

—También eso es verdad —dijo la mamá.

—Nuestra maestra dijo que la mayoría de los Salmos son alabanzas a Dios. Dijo que como la alabanza se encuentra justo en el medio de nuestras vidas, de igual manera los Salmos se encuentran justo en el medio de la Biblia.

—¡Hoy tuviste una gran lección en la Escuela Dominical! —dijo la mamá.

—¿Te gustaría tener un momento de alabanza en casa justo en la mitad de cada día este verano?

—¡Sí! —dijo Kenna. Y pensó por un minuto—. ¿Cómo podemos hacerlo?

—Podríamos comenzar poniendo alguna música de alabanza tan fuerte como para llenar toda la casa y todos podrían cantar mientras hacen sus tareas.

—Seríamos como un coro haciendo tareas —dijo Kenna—. Eso podría hacer las tareas más divertidas, en especial si cantamos en armonía, mamá.

—Creo que podría arreglármelas para hacer eso —dijo—. Quién sabe... también podría agregar un poco de armonía a nuestra familia.

Recuerda

¡Cuán bueno es cantar salmos a nuestro Dios,
cuán agradable y justo es alabarlo!
Salmo 147:1

DIOS DISFRUTA TU ALABANZA.

¡Tú puedes hacerlo!

No tienes que esperar por un «servicio de alabanza y adoración» para alabar a Dios. Tú puedes alabarlo justo ahora con una canción que inventes.

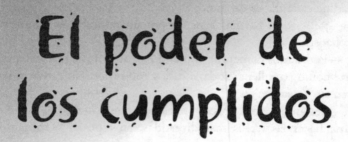

El poder de los cumplidos

No hablaré mal de ningún hombre, ni siquiera si es verdad, prefiero excusar las faltas que escuche y, en ocasiones adecuadas, hablar de todo lo bueno que sepa de las personas.

—Yo no la entiendo en absoluto —le dijo Gina a su amiga Audra.

Se refería a Emma, una niña nueva en su escuela este año.

—Se acaba de mudar aquí y ya tiene montones de amigos —dijo Audra—. No es tan bonita ni se viste demasiado bien. Sin embargo, ¡de buenas a primeras es una de las niñas más populares de la escuela!

—Y no solo con las niñas —añadió Gina—, a los muchachos también les gusta.

Lou, otra de sus amigas que estaba sentada almorzando con ellas, dijo:

—Yo sé por qué.

—¿Por qué? —dijeron Gina y Audra al unísono.

—Cuando Emma entró a esta escuela, comenzó a decir cumplidos. A mí me dijo un par de cumplidos, supongo que a ustedes también les debe haber dicho algunos.

—Sí, pero nadie le presta atención a los cumplidos —dijo Audra—. Todo el mundo siempre está diciendo cosas lindas cuando en realidad no lo sienten. Dicen cosas lindas para congraciarse y eso no da resultado.

—¡Pero ahí está la diferencia! —dijo Lou—. Emma de verdad siente lo que dice. Antes que nada, dice cosas que son verdad. Un día me dijo que le gustaba mi lápiz de labios. Yo estaba usando un color nuevo muy lindo. Otro día me dijo que el suéter que estaba usando era perfecto para mí, porque el color combinaba con el color de mis ojos... ¡tenía razón! Lo que dijo, era verdad.

Lou continuó:

—Se tomó su tiempo para darse cuenta cuáles eran las cosas buenas, y después dijo cosas buenas... como en verdad las sentía.

—Mi abuela decía que la miel atrae a las abejas mejor que el vinagre. Me parece que la abuela de Emma debe haberle dicho lo mismo —dijo Gina.

—Bueno, seguro que resulta —dijo Audra—, yo voy a intentarlo.

No critiquen ni hablen nunca mal de otro,
hermanos míos
Santiago 4:11, LBD

SÉ GENEROSA CON LOS CUMPLIDOS.

Una de las mejores maneras de hacer nuevos amigos —y mantener los viejos— es encontrar todos los días algo lindo para decirle a o acerca de una persona.

El concierto

¡Qué diferente sería el mundo si cada creyente se entregara con su corazón a vivir para sus hermanos!

—Vamos a tener un concierto —dijo la mamá.

—¿Para quién? —preguntó Lizzy.

Su hermano Cliff y su hermana Jessie agregaron:

—¡Papá no cuenta!

A los tres niños de la familia Harper les enseñaba su mamá. Ella había sido maestra de segundo grado y también daba clases de música. Les había enseñado a Lizzy, Cliff y Jessie a leer música, a tocar el piano y a cantar. Lizzy estaba aprendiendo a tocar la flauta, Cliff el clarinete y Jessie el violín. Había momentos en que la casa parecía una orquesta afinando sus instrumentos, con cada niño tocando en una habitación distinta, pero a la mamá parecía no importarle. ¡Ella usaba auriculares y escuchaba sus CD!

—Preocúpense de la música, que yo me preocuparé de la audiencia —les dijo la mamá.

El día del concierto, la mamá les dijo que se pusieran sus mejores ropas de ir a la iglesia y estuvieran listos para salir a las dos de la tarde.

—¿Adónde vamos? —preguntó Cliff.

—Es una sorpresa —dijo la mamá.

Llegaron a un edificio que parecía una casa de apartamentos.

—"Hogar de Ancianos" —dijo Jessie, leyendo el cartel—. ¿Nuestro recital es aquí?

—Sí —dijo la mamá—. La gente que vive aquí son personas mayores. Algunos fueron músicos en su juventud.

Las personas del hogar de ancianos aplaudieron muy fuerte y llevaron el ritmo con sus pies durante algunas canciones, pero fue cuando los niños comenzaron a cantar lo que ellos llamaban «las canciones de la abuela» que la gente en realidad empezó a sonreír.

¡Parecía que sabían todas las canciones de la abuela! Un hombre se levantó de su silla de ruedas para bailar.

—Los conciertos son divertidos —dijo Lizzy mientras volvían a casa.

—Sí —agregó Jessie—, pero solo cuando te olvidas del miedo y miras cuánto se divierte el público.

—Eso es cierto en la mayoría de las cosas en la vida —dijo la mamá.

Recuerda

Nadie ha visto jamás a Dios, pero si nos amamos los unos a los otros, Dios permanece entre nosotros, y entre nosotros su amor se ha manifestado plenamente.

1 Juan 4:12

SÉ COMO DIOS Y DEMUESTRA AMOR HACIA LOS DEMÁS.

¡Tú puedes hacerlo!

Tienes mucho para compartir con los otros... un abrazo, una sonrisa o una canción. Pídele a Dios que te muestre lo que hoy deberías compartir con alguien.

Una camisa más

Cuando llegas al final de tu soga,
haz un nudo y agárrate.

—No sé por qué habrán hecho las camisas de puro algodón. Son imposibles de planchar —se quejó Camilla.

—No sé por qué habrán hecho cualquier cosa que tenga que plancharse —se unió a la queja su hermana Carita.

Las dos niñas estaban ayudando a su mamá en la iglesia. Dos familias habían enviado tres cajas grandes con ropa de un abuelo que había fallecido. En las cajas había muchas camisas, muchas de ellas casi nuevas. De todas maneras, todas las camisas tenían que ser planchadas antes de que se pusieran a la venta en la tienda de segunda mano de la iglesia. Como Camilla y Carita habían aprendido a planchar desde niñas, ayudaban a su mamá en su trabajo voluntario con eso, mientras ella se ocupaba de elegir las camisas, coser los botones que estaban flojos y de las ocasionales manchitas que pudieran tener.

—Solamente faltan siete camisas más —dijo la mamá.

—Creo que no puedo planchar ni una más, mamá —dijo Camilla—. Estoy tan cansada de planchar que parece que voy a caerme.

—Y yo también —dijo Carita.

—Puedo seguir planchando en esta tercer tabla —dijo la mamá—, las ayudaré. Planchemos estas últimas camisas como si fueran las que tiene que usar Jesús en una semana.

Las dos niñas y su mamá hablaron sin parar, imaginándose a dónde usaría Jesús cada camisa que estaban planchando... y antes de que se dieran cuenta, el trabajo estuvo terminado.

—Estas últimas camisas fueron las más divertidas para planchar —dijo Carita.

—Estoy de acuerdo —dijo Camilla—. ¡Pero estoy contenta que no nos pidieran que planchemos las camisas que Jesús tiene que usar en un mes!

Recuerda

No seas perezoso en el trabajo; sirve al Señor con entusiasmo.
Romanos 12:11, LBD

PERSEVERA EN TODOS TUS TRABAJOS HASTA QUE ESTÉN TERMINADOS.

¡Tú puedes hacerlo!

Pídele a Dios que te ayude a terminar cada trabajo que comienzas. Pídele que te ayude a hacer un buen trabajo hasta que lo termines.

La decisión

La mejor decisión que puedes hacer es aceptar a Jesús como tu Salvador.

—Decisiones, decisiones, decisiones —dijo Jan.

Jan había pasado toda la tarde con su padre clasificando cosas en el sótano y en el ático. Crearon una pila de cosas para deshacerse, una pila de cosas para regalar y una para guardar en cajas.

—En realidad hay una sola decisión que importa —dijo su papá.

—¿Y cuál es?

—A la larga, querida, la única decisión que en realidad cuenta es la decisión que cada uno hace acerca de Jesús. ¿Qué hacemos con Él? ¿Lo aceptamos o lo rechazamos como nuestro Salvador?

Jan guardó silencio. Había estado escuchando mucho sobre Jesús en las últimas semanas. No es que nunca hubiera ido a la iglesia, o a la Escuela Dominical o nunca hubiera escuchado antes algo de Jesús. Sabía muchas historias de la Biblia sobre Él. Aun así, en estos últimos días escuchaba lo que las personas decían de Jesús con mucha más intensidad.

Esa noche, cuando estuvo sola en su habitación pensó: *En realidad, nunca tomé una decisión acerca de Jesús. Nunca le pedí que me perdonara y que viniera a vivir en mi corazón. ¡Creo que esta noche es la noche!*

Ella oró: «Querido Dios, quiero tomar una decisión acerca de Jesús ahora mismo. Creo que Él murió en la cruz por mí y lo acepto como mi Salvador. Por favor, Jesús, ven a vivir en mi corazón y ayúdame a seguirte toda mi vida. Amén».

Mañana por la mañana les diré a mamá y a papá lo que oré esta noche, pensó. *Pero por ahora, me hace sentir muy bien, sentirme limpia por dentro.* Y con eso, se fue a dormir. Esa fue una de las noches más llena de paz que tuviera jamás.

Recuerda

Porque tanto amó Dios al mundo, que dio a su Hijo unigénito,
para que todo el que cree en él no se pierda,
sino que tenga vida eterna.

Juan 3:16

TOMA LA MEJOR DECISIÓN.

¡Tú puedes hacerlo!

Si nunca has aceptado a Jesús como tu Salvador, ¡puedes hacerlo hoy! Solo debes orar de la misma manera que lo hizo Jan, es decir, con tu corazón.

ÍNDICE

AGRADECIMIENTOS

Samuel Taylor Coleridge (8), Robert Browning (10), Helen Keller (12, 184), Ken Blanchard (14), anónimo (16, 18, 34, 40, 48, 50, 54, 68, 98, 114, 118, 122, 128, 146, 154, 184, 190, 200, 204, 206, 208, 232, 276, 290, 294, 304, 312), proverbio chino (20, 92), Gloria Copeland (22), John Chrystom (24), proverbio holandés (26), Thomas Merton (28), Walter Kiechel III (30), San Francisco de Asís (32), León Tolstói (36), E.B. White (38), Thomas Morell (42), Víctor Hugo (44), June Kuramoto (46), Earvin «Magic» Johnson (52), George H. Lorimer (56), Billy Graham (58), Jonathan Edwards (60), Ian Percy (62), John Cassis (64), Mary Francis Shura (66), Hudson Taylor (70), Theodore Roosevelt (72), Henry Ford (74), C.H. Spurgeon (76), Horace Mann (78), Jimmy Carter (80), David E. Lilienthal (82), Marco Aurelio (84), John Wayne (86), Winston Churchill (88), Isaac Bashevis Singer (90), William Shakespeare (94), The Bible Friend (96), William Arthur Ward (100, 278), James Michener (102), Frances J. Roberts (104), F. B. Meyer (106), Jack London (108), David O. McKay (110), Víctor Hugo (112), Izaak Walton (116), John Stamos (120), John Dryden (124), Iron Eagle (126), Charlotte López (130), William Temple (132), Carl Sandburg (134), proverbio judío (136), Horacio (138), Debbi Field (140), Ana Frank (142), Henry Parry Liddon (144), Jean de la Bruyère (148), George MacDonald (150), Joan W. Blos (152), Paula Fox (156), Corrie ten Boom (158), Williams McKinley (160), Margaret Sangster (162), Dave Thomas (164), Legouve Pete (166), Pearl Bailey (168), Margaret Thatcher (170), William Penn (172), Charles Swindoll (174), E. Stanley Jones (176), Horace Bushnell (178), Horace Bushnell (180), Ilene Cooper (182), Ralph Waldo Emerson (188), George Bush (192), Heywood Hale Broun (194),

Benjamín Disraeli (196), Robert Louis Stevenson (198), Cecil
Frances Alexander (202), John Kenneth Galbraith (208), Abraham
Lincoln (210), Dwight D. Eisenhower (212), Miguel de Cervantes
(214), Francis Bacon (216), Bernard Mekzer (218), Bibesco (220),
Elbert Hubbard (222), Esopo (224), Eloise Greenfield y Lessie Jones
Little (226), Sir Walter Scott (228), proverbio francés (230), Lillian
Hellman (234), John Hockenberry (236), Quincy Jones (238),
Erwin Lutzer (240), proverbio inglés (242, 244), Henry Ward
Beecher (246, 298), rabino Hyman Schachtel (248), Henry David
Thoreau (250), John Wesley (252), Woodrow Wilson (254, 260),
San Basilio (256), Benjamín Franklin (258, 300, 306), Mark Twain
(262), Dave Dinwiddie (264), Ludwig Bemelmans (266), Johanna
Spyri (268), R.C. Sproul (270), Bill Gothard (272), Edgar W. Work
(276), William Hazlitt (280), William Walsh (282), proverbio árabe
(284), Lyndon B. Johnson (286), Robert South (288), Izaak Walton
(292), Robert H. Schuller (296), Esquilo (302), Andrew Murray
(308), Franklin Delano Roosevelt (310).